kurz gefasst

Aufsatz
9/10

Eva-Maria Kabisch

Ernst Klett Verlag
Stuttgart Düsseldorf Leipzig

Textquellen

17 Erich Kästner: Als ich ein kleiner Junge war. In: „... was nicht in euren Lesebüchern steht". Hrsg. von Wilhelm Rausch. Fischer Taschenbuch 875. Frankfurt a. M. 1976, S. 45 © Atrium-Verlag, Zürich. Ausschnitt.

28 Erich Kästner: Präzision. Gesammelte Schriften, Band 1. Kiepenheuer & Witsch, Atrium, Köln/Zürich 1959.

29 Hilde Domin: Lyrik. In: Hier. Gedichte. S. Fischer, Frankfurt a. M. 1964.

30 Eduard Mörike: September-Morgen. Werke, Band 1, hrsg. von Harry Maync. Bibliographisches Institut, Leipzig und Wien o. J.

32 Ingeborg Bachmann: Die große Fracht. In: Gedichte. Erzählungen. Hörspiel. Essays. R. Piper, München 1964.

33 August Stramm: Patrouille. In: Dein Lächeln weint. Gesammelte Gedichte. Limes, Wiesbaden 1956.

33 Bertolt Brecht: Auf der Mauer stand mit Kreide ... Svendborger Gedichte. Gesammelte Werke, hrsg. vom Suhrkamp Verlag in Zusammenarbeit mit Elisabeth Hauptmann, Band 9, Gedichte 2. Frankfurt a. M. 1967, S. 637.

9 783123 202988

Auflage 7. | 2006 2005 2004
Die letzten Zahlen bezeichnen jeweils die Auflage und das Jahr

Alle Drucke dieser Auflage können im Unterricht nebeneinander benutzt werden, sie sind untereinander unverändert.

Internetadresse: http://www.klett-verlag.de
E-Mail: klett-kundenservice@klett-mail.de

Druck: Druckhaus Vogel GmbH, 70771 L.-Echterdingen
ISBN 3-12-320298-4

Inhalt

Einen Lebenslauf schreiben

Definition

> Ein Lebenslauf ist die klar gegliederte, in zeitlicher Folge geordnete Zusammenstellung der persönlichen Daten seines Verfassers.

Zweck

Der Lebenslauf soll knapp, aber lückenlos über den bisherigen Bildungsweg informieren; auf einen Blick möchte der Ausbildungsleiter oder Personalchef, der den Lebenslauf zusammen mit dem Bewerbungsschreiben erhält, die Daten des Bewerbers erfassen.

Gliederung

1. Lebensdaten

Name, Geburtsdatum, Geburtsort, Name und Beruf der Eltern, gegenwärtiger Familienstand, evtl. Zahl der Geschwister, evtl. Religionszugehörigkeit (wenn man sich z. B. in einem konfessionellen Krankenhaus oder Kindergarten bewirbt).

2. Schulbesuch und Ausbildung

Name und Bezeichnung der besuchten Schule und Angabe der jeweiligen Zeiträume des Schulbesuchs. Schulabschlüsse (Hauptschulabschluss, Realschulabschluss, Abitur).
Ausbildungsstätten, ebenfalls mit Zeiträumen und Angabe des Abschlusses.

3. Zusätzliche Angaben

z. B. Besuch von Kursen zur Datenverarbeitung, zum Erlernen einer weiteren Fremdsprache (Teilnahmebescheinigung mit den Zeugniskopien einreichen und im Bewerbungsschreiben erwähnen), Tätigkeit als Schulsprecher.

Hinweise zu Form und Gestaltung

Öfter wird in einer Stellenanzeige die Form des Lebenslaufs vorgeschrieben (handschriftlich – maschinenschriftlich, tabellarisch). Daran sollte man sich unbedingt halten.
Wenn keine Angaben zur Form gemacht werden, erwartet der Empfänger generell einen tabellarischen Lebenslauf auf unliniertem DIN-A4-Bogen, maschinengeschrieben oder in sehr gut lesbarer Handschrift und in exakter Form.

Beispiel

<u>Lebenslauf</u>

Name:	Huber
Vorname:	Hans
Geburtstag:	24. 05. 19..
Geburtsort:	Nürnberg
Staatsangehörigkeit:	deutsch
Familienstand:	ledig
Eltern:	Kfz-Mechaniker Franz Huber und kaufmännische Angestellte Heidemarie Huber, geb. Brecht
Schulbesuch:	15. 07. 19.. – 30. 06. 19.. Brüder-Grimm-Grundschule in Nürnberg seit 15. 07. 19.. Dürer-Gymnasium Nürnberg, derzeit 12. Jahrgangsstufe

Nürnberg, den 29. 05. 19..

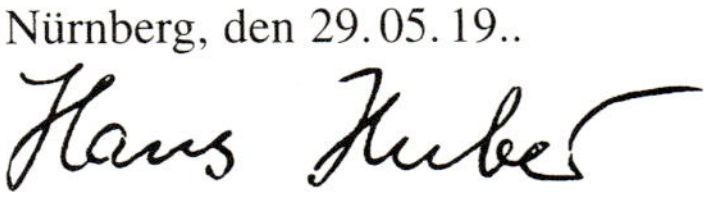

Hans Huber

Bewerbung als Ferienfahrtenleiter in der Jugendarbeit

.

.

.

.

Hans Huber 19..-05-29
Dürergasse 46
90402 Nürnberg
Tel. (09 11) 9 39 57

.

.

.

.

.

.

Jugendwerk …
Herrn Richter
Melanchthonstr. 83

.

90402 Nürnberg

.

.

.

.

Bewerbung als Ferienfahrtenleiter Betreff

.

.

Sehr geehrter Herr Richter,

.

für die Zeit der Sommerferien vom … bis … bewerbe ich mich als Ferienfahrtenleiter.

.

Ich arbeite seit … (ehrenamtlich) als Leiter einer Jugendgruppe unserer Kirchengemeinde und habe schon mehrere Wochenendfahrten und -seminare mit veranstaltet und begleitet. Auch während der Ferien möchte ich in einer Jugendgruppe tätig sein. Kenntnisse und Fähigkeiten

.

Unser Gemeindepfarrer, Herr …, ist bereit zu einer befürwortenden Stellungnahme. Referenz

.

Gern würde ich mich Ihnen persönlich vorstellen.

.

Mit freundlichen Grüßen

.

.Hans Huber

.

Anlage
1 Lichtbild
1 Lebenslauf
1 Zeugniskopie

Jeder Punkt bedeutet: 1 Leerzeile

Bewerbungen schreiben

Definition

> In einem Bewerbungsschreiben wirbt der Verfasser für sich selbst. Ohne aufdringlich zu wirken muss er darlegen, welche Gründe für ihn als Bewerber sprechen.

Zweck

Das Bewerbungsschreiben wendet sich an einen Personalchef oder einen Ausbildungsleiter oder einen Sachbearbeiter, also an denjenigen, der über die Einstellung entscheidet. In Form und Inhalt ist das Bewerbungsschreiben eine Art ausführliche Visitenkarte; es vermittelt dem Leser einen ersten – oft entscheidenden – Eindruck von der Person des Bewerbers.

Das Schreiben soll informieren, nicht überreden. Die Auswahl der Informationen und die Art, wie sie dargestellt werden, müssen den Leser davon überzeugen, dass gerade dieser Bewerber für die angebotene Stelle besonders geeignet ist.

Bewerbungen im Alltag und in der Schule

Schulabgänger bewerben sich um einen Ausbildungsplatz; nach abgeschlossener Lehre oder abgeschlossenem Studium bewirbt man sich um einen Arbeitsplatz oder möchte an einem anderen Arbeitsplatz weiterarbeiten.

Schüler bewerben sich z. B. um einen Schüleraustausch mit einem anderen Land oder um einen Ferienjob, z. B. als Aupairmädchen in Frankreich.

Bestandteile einer schriftlichen Bewerbung

Bewerbungsschreiben
Lebenslauf (s. Seite 4)
Zeugniskopien, gegebenenfalls weitere persönliche Unterlagen als Kopie
Lichtbild neuesten Datums, auf der Rückseite mit dem Namen versehen

Äußere Form des Bewerbungsschreibens

unliniertes DIN-A4-Papier, einseitig beschrieben, maschinenschriftlich
Rand zum Abheften bedenken
Links oben: *eigener Name mit Adresse,* möglichst auch Telefon (Absender)
Rechts oben: *Datum*

Adresse

Links nach sechs Leerzeilen unter dem Absender die Anschrift des Empfängers, auch den Namen des zuständigen Bearbeiters, wenn bekannt

Betreff

Nach vier Leerzeilen: stichwortartige *Angabe des Inhalts,* z. B.:
Bewerbung um einen Ausbildungsplatz als Bankkaufmann/Bankkauffrau
Gegebenenfalls darunter: Ihre Anzeige vom … in …
oder: Bewerbung um Schüleraustausch in die USA

Anrede

Sehr geehrte Damen und Herren oder: Sehr geehrte Frau Müller oder: Sehr geehrter Herr Richter oder: Sehr geehrter Herr Direktor Wagner (Dienstbezeichnungen gehören zur Anrede)

Grußformel
Unterschrift
Anlagen

Mit freundlichen Grüßen
Name des Absenders maschinenschriftlich, darüber handschriftlich
links unter dem Namen nach einer Leerzeile: Auflistung der beigefügten Unterlagen (Lebenslauf, Zeugniskopien, Lichtbild)

Hauptteil
Schulbesuch
Abschluss

In vollständigen Sätzen Angaben zur gegenwärtigen Ausbildung, z. B.: Ich besuche die 10. Klasse der Schiller-Realschule in … und werde sie voraussichtlich im Juni … mit dem Realschulabschluss verlassen.

Kenntnisse und Fähigkeiten

Jeweils auf die angestrebte Stellung bezogen, z.B. gute Mathematikzensur erwähnen im Hinblick auf eine Banklehre, gegebenenfalls auf ein schon absolviertes kurzes Betriebspraktikum bei einer Bank hinweisen.
Erwerb des Führerscheins z.B. bei Bewerbungen um Aushilfsjobs anführen.
Zum Schüleraustausch: Gute Kenntnisse der Landessprache erwähnen.

Interessen

z.B.: Umgang mit Menschen sehr erwünscht. Oder: Wunsch, moderne Datenverarbeitung kennen zu lernen.
Zum Schüleraustausch: Interesse für Landschaft und Kultur des anderen Landes. Wunsch mit Menschen dort zusammenzuleben.
Eigene Hobbys.
Zum angestrebten Wechsel der Arbeitsstätte nach der Ausbildung: Gründe angeben, z.B.: umfassendere Arbeitsmöglichkeiten geboten; Möglichkeit neue Arbeitsbereiche kennen zu lernen.
Wenn z. B. ein sozialer Beruf angestrebt wird: bisherige Tätigkeit in Jugendgruppen und in Vereinen erwähnen.
Je nachdem, ob zur neuen Tätigkeit passend: Mitwirkung bei Theateraufführungen, in Chören, Erfahrung im Umgang mit Kindern, Erfahrung mit Teamarbeit benennen.

Überlegungen vor dem Aufschreiben

An wen richte ich meine Bewerbung?
Was muss oder sollte der Empfänger des Briefes von mir wissen?
Was wird die angestrebte Stellung von mir fordern?
Mit welchen Informationen überzeuge ich den Leser davon, dass ich den Anforderungen entsprechen kann?
Sind auch meine privaten Interessen wichtig?

Wie soll man sich darstellen?

Dem Leser der Bewerbung muss deutlich werden, weshalb der Schreiber sich für geeignet hält.
Der Bewerber soll daher alles Nachprüfbare anführen, was für ihn spricht; sein ‚Licht nicht unter den Scheffel stellen‘, aber auch nicht in Übertreibungen verfallen. Personalchefs und Ausbildungsleiter spüren ‚falsche Töne‘ und werden stutzig, wenn sich ein ‚Supermann‘ oder eine ‚Superfrau‘ anpreisen. Engagement für eine Sache, ausgeprägtes Interesse, Beharrlichkeit beim Verfolgen eines Ziels sprechen für den Bewerber; ‚zwischen den Zeilen‘ kann er diese Vorzüge deutlich werden lassen.

Sprache und Stil

Klar gegliederte, knappe und übersichtliche Darstellung.
Der Text soll gut lesbar sein, nicht monoton wirken. Daher ist trotz nüchterner, sachlicher Sprache in klaren Aussagesätzen eine Variation in Satzbau und Stil zu empfehlen. Im Zusammenhang mit privaten Interessen kann man auch persönlicher formulieren, z.B. „Ich sehe Kulturfilme über Frankreich besonders gern“, „Ich freue mich, wenn ich mit anderen zusammenarbeiten kann“, „Ich würde mich freuen, wenn ich mich Ihnen persönlich vorstellen dürfte“.

Briefe schreiben

Definition

> Briefe sind schriftliche Mitteilungen von einer Privatperson an eine andere (Privatbriefe), von einer Privatperson an eine Behörde (halbprivate Geschäftsbriefe), von Betrieb an Betrieb oder von Betrieb an Behörde (Geschäftsbriefe).

Zur Geschichte des Briefeschreibens

Der Brief als schriftliche Form ursprünglich kurzer (lat. brevis = kurz) geschäftlicher oder persönlicher Mitteilungen hat eine jahrtausendealte Tradition, wie Funde babylonischer und assyrischer Keilschrift (3000–2000 v. Chr.) zeigen.
Griechen und Römer ritzten ihre Mitteilungen mit einem Griffel in Wachstäfelchen. Sie unterhielten einen regen Kurier- und Postdienst im Mittelmeerraum. Jenseits der Alpen setzte sich Schriftlichkeit nur sehr langsam durch. Schreiben wurde in Klöstern gelehrt, nur wenige konnten es. Wer eine schriftliche Mitteilung versenden oder ein Dokument aufsetzen wollte, bediente sich dabei fremder Hilfe.

Brief – Dokument

Ein „Brief“ galt als rechtlich beweiskräftiges Dokument, wurde gleichbedeutend mit „Urkunde“ (s. „Adelsbrief“, „Gesellenbrief“, „Meisterbrief“).

Private Briefe

Seit der frühen Neuzeit sind auch ausführliche private Briefwechsel bekannt, z. B. zwischen Erasmus von Rotterdam und Martin Luther, zwischen Friedrich dem Großen und Voltaire, zwischen Schiller und Goethe. Man schickte sich schriftliche Mitteilungen, auch wenn man nahe beieinander wohnte wie z. B. Goethe und Charlotte von Stein in Weimar.
Briefe dienten dazu, einem anderen seine Gedanken ausführlich darzulegen; diese Aufgabe hat heute meist das Telefonieren übernommen.

Literarische Briefe

Briefe wurden auch Mittel literarischen Gestaltens, so ist Goethes ‚Die Leiden des jungen Werthers‘ ein Roman in Briefen.

Geschäftliche Briefe heute

Wer sich als Privatperson an Behörden oder – z. B. als Bewerber – an Betriebe wendet, muss äußere Formen beachten und sein Anliegen klar und wirkungsvoll vortragen. Der Bewerbungsbrief auf Seite 5 gibt ein Beispiel.

Private Briefe heute

Die persönliche Beziehung zwischen Absender und Empfänger bestimmt Form und Sprache der privaten Briefe, das vertraute Gespräch wird hier schriftlich fortgesetzt. Persönliche Briefe sind auch menschliche Dokumente einer Entwicklung, der Bewältigung einer Krise, z. B. Briefe der Widerstandskämpfer des 20. Juli 1944 an ihre Familien.

Veröffentlichte Privatbriefe

Private Briefwechsel von Künstlern und Wissenschaftlern werden gelegentlich später veröffentlicht (z. B. der Briefwechsel zwischen Thomas und Heinrich Mann, zwischen Theodor Storm und Gottfried Keller). Wer den Privatmenschen kennen lernt, gewinnt häufig mehr Verständnis für dessen öffentliches Werk.

Geschäftsbriefe

Weil der Absender üblicherweise etwas beim Empfänger erreichen will, sollte er es ihm leicht machen die Wünsche zu verstehen:

Hinweise zur Gestaltung

- Das Hauptanliegen präzise und knapp formulieren; lange Anläufe verraten Unsicherheit.
- In leicht durchschaubaren Sätzen schreiben.
- Überlegen: Was muss der Empfänger wissen, damit er ohne nachzufragen das Anliegen des Absenders erfasst?

Aufbau

- Im Einleitungssatz das Anliegen benennen.
- Im Hauptteil knappe Erläuterungen geben.
- Im Schlusssatz den Brief freundlich-höflich abrunden, z. B. einen Dank aussprechen.

Adresse Anrede

- Bei Adresse und Anrede äußerst korrekt verfahren, z. B. die Dienstbezeichnung des Angeredeten beachten. Ungenauigkeiten wirken unhöflich. Gruß- und Anredeformeln sind gesellschafts- und geschäftsübliche Wendungen; eigenwillige Abweichungen können den Schreiber als Außenseiter erscheinen lassen und schaden ihm meist.

Stil

- Die Balance zwischen nüchterner Information und persönlicher Ansprache wahren.
- Zur äußeren Form des Briefes s. Beispiel Seite 5.

Beispiel

Frauke Zimmermann
Ostenkamp 7
22043 Hamburg

19..-04-24

An die Schulleitung des
Albert-Schweitzer-Gymnasiums
Frau Oberstudiendirektorin Fiedler
Am Markt 15–17

22041 Hamburg

Sehr geehrte Frau Oberstudiendirektorin Fiedler,

wie Sie sich vielleicht erinnern, bin ich Abiturientin des Jahrgangs 19.. an Ihrer Schule gewesen. Ich möchte mit Ihrer Hilfe die Unterlagen erhalten, die ich 19.. im Rahmen des Wettbewerbs „Jugend forscht“ zusammengestellt habe. Die Arbeit beschäftigte sich mit dem Umweltthema „Wasserverbrauch im Haushalt“. Ich hatte das gesamte Material dem Fachbereich Biologie zur Verfügung gestellt und Herrn Dr. Forstmann übergeben.
In meinem Biologiestudium möchte ich das Thema weiter verfolgen und brauche daher meine Vorarbeiten.
Weil Herr Dr. Forstmann nicht mehr an der Schule tätig ist, bitte ich Sie dem Verbleib meiner Unterlagen nachzuforschen. In der kommenden Woche würde ich sie gern abholen.
Herzlichen Dank im Voraus für Ihre Mühe.

Mit freundlichen Grüßen
Ihre

Frauke Zimmermann

Frauke Zimmermann

Gotthold Ephraim Lessing (1729–1781, schrieb u. a. ‚Nathan der Weise')

Der 14-jährige Lessing, zur Zeit seines Aufenthaltes an der Fürstenschule St. Afra in Meißen, an seine zwei Jahre ältere Schwester Dorothea Salome, ältester erhaltener Brief Lessings

Geliebte Schwester!
Ich habe zwar an dich geschrieben, allein du hast nicht geantwortet. Ich muss also denken, entweder du kannst nicht schreiben oder du willst nicht schreiben. Und fast wollte ich das Erste behaupten! Jedoch ich will auch das andere glauben: Du willst nicht schreiben. Beides ist strafbar. Ich kann [...] nicht einsehen, wie dieses beisammen stehen kann: ein vernünftiger Mensch zu sein; vernünftig reden können und gleichwohl nicht wissen, wie man einen Brief aufsetzen soll. Schreibe wie du redest, so schreibst du schön!

Lebe wohl!
Ich bin
dein
treuer Bruder
G. E. Lessing

Meißen,
den 30. Dezember 1743

Brief aus der Zeit der Verlobung mit Eva König, Witwe eines Hamburger Kaufmanns mit vier Kindern. Beide stehen trotz größter Schwierigkeiten zueinander – Heirat 1776

Meine Liebe! Braunschweig, den 31. Oktober 1771
Ich bin glücklich und gesund [...] in Braunschweig angekommen. Nass bin ich zwar nicht geworden, aber von dem kalten stürmischen Winde habe ich die erste Nacht mehr ausgestanden, als ich mich je dem härtesten Winter [...] erinnern kann [...] Aber nun ist alles überstanden. Ich bleibe bis morgen noch hier in Braunschweig; und alsdann willkommen in mein liebes einsames Wolfenbüttel! Wo immer mein dritter Gedanke, Sie wissen schon, wo sein wird [...] Lassen Sie mich ja von Ihnen alles – Wichtiges und Unwichtiges – wissen. Doch nichts ist mir unwichtig, was Sie angeht [...] Ich bin mit Empfindung der aufrichtigsten Zärtlichkeit

ganz der Ihrige Lessing

Briefe an den besten Freund

Lessing verliert ein Jahr nach der Heirat den Sohn kurz nach der Geburt, die Frau infolge Kindbettfiebers

Mein lieber Eschenburg, Wolffenbüttel, den 31. Dezember 1777
ich ergreife den Augenblick, da meine Frau ganz ohne Besonnenheit liegt, um Ihnen für Ihren gütigen Anteil zu danken. Meine Freude war nur kurz: Und ich verlor ihn so ungern, diesen Sohn! Denn er hatte so viel Verstand! So viel Verstand! – Glauben Sie nicht, dass die wenigen Stunden meiner Vaterschaft mich schon zu so einem Affen von Vater gemacht haben! Ich weiß, was ich sage. – War es nicht Verstand, dass man ihn mit eisern Zangen auf die Welt ziehen musste? Dass er so bald Unrat merkte? – War es nicht Verstand, dass er die erste Gelegenheit ergriff, sich wieder davonzumachen? – Freilich zerrt mir der kleine Ruschelkopf auch die Mutter mit fort! – Denn noch ist wenig Hoffnung, dass ich sie behalten werde. – Ich wollte es auch einmal so gut haben wie andere Menschen. Aber es ist mir schlecht bekommen.

Lessing

Lieber Eschenburg,
meine Frau ist tot: und diese Erfahrung habe ich nun auch gemacht. Ich freue mich, dass mir viel dergleichen Erfahrungen nicht mehr übrig sein können zu machen; und ich bin ganz leicht. – Auch tut es mir wohl, dass ich mich Ihres und unserer übrigen Freunde in Braunschweig Beileids versichert halten darf.
Wolffenbüttel, den 10. Januar 1778 Der Ihrige Lessing

Einführung in das Erörtern

Definition

> Die Erörterung ist eine Form der gedanklichen Auseinandersetzung mit einem Thema oder einem Text, bei der einleuchtende Argumente sowie eine schlüssige Gedankenentwicklung oder Beweisführung entscheidend sind.

Zweck und Ziel

In einer Erörterung wird ein noch nicht geklärter Sachverhalt untersucht und erläutert; der Schreibende setzt seine Argumente und Belege so ein, dass seine eigene Position hervortritt.

Erörterungen im Alltag

Kommentare in der Presse, Stellungnahmen von Politikern, Meinungsäußerungen von Bürgern sind Erörterungen.

Erörterungen in der Schule

Jede Leitfrage zu einem Text führt zu einer Erörterung (z. B.: Weshalb verlangt der Landvogt in Schillers Drama von Wilhelm Tell den Apfelschuss?), auch jedes strittige Thema verlangt nach einer Diskussion, einer Erörterung (z. B.: Wie wollen wir unseren Wandertag gestalten? Handelt der Kommissar Bärwald in Dürrenmatts Erzählung ‚Der Richter und sein Henker' verantwortungslos?). Begründete Stellungnahmen sind Bestandteile von Erörterungen (z. B.: „Der Kommissar handelt zuerst aus persönlichen Motiven [= Feststellung, These], da er eine alte Rechnung mit dem Verbrecher Gastmann – die Wette über das perfekte Verbrechen – zu begleichen hat" [Begründung mit Beleg]). In der schriftlichen Erörterung wird geübt: Genaues Erfassen des Themas, genaues Formulieren von Gedanken, schlüssiges Aneinanderfügen der Argumente, Stützen der Argumente mit Beispielen.

Formen der Erörterung in der Schule

1. In der *Pro-Kontra-Erörterung* oder dialektischen Erörterung geht es darum, zwei gegensätzliche Positionen im Einzelnen zu erfassen und sie gegeneinander abzuwägen. Im Aufsatz wird deutlich, wo – nach Meinung des Schreibers – die stärkeren Argumente liegen, auf welche Seite sich die Waage neigt. Themenbeispiel: Was spricht für einen schulfreien Sonnabend, was dagegen?
2. Der *linearen oder steigernden Erörterung* liegt eine mit „W" beginnende Frage zugrunde, z. B.: Welche Bedeutung erhält die Uniform in Carl Zuckmayers Komödie ‚Der Hauptmann von Köpenick'? oder: Was ist Glück? Eine solche Problemfrage soll in klaren gedanklichen Schritten mit treffenden Argumenten und Beispielen auf allen ‚Stufen' beantwortet werden. Aus der Anordnung der Argumente (vom weniger gewichtigen zum wichtigsten) ergibt sich die persönliche Stellungnahme des Verfassers, die am Schluss ausdrücklich formuliert wird.

Gliedern

Eine klar durchdachte Gliederung in drei bis fünf Schritten überlegen. Nach der Einleitung über mehrfach gegliederten Hauptteil zum Schluss führen.

Einleiten

Der Einleitungssatz muss sofort das Thema benennen, auf wichtige Voraussetzungen hinweisen, die Aufmerksamkeit des Lesers wecken.

Beispiel für eine Einleitung

In Dürrenmatts Erzählung ‚Der Richter und sein Henker' ergibt sich die Frage nach der Verantwortung aus der grotesken Ausgangssituation: Kommissar und Gangster sind verfeindete Jugendfreunde, zwischen ihnen steht die verantwortungslose Wette um die Frage: Gibt es das „perfekte Verbrechen"? Hieraus entsteht für Kommissar Bärwald ein unlösbarer Konflikt …

Erörtern in steigernder Form

Definition

> In einer steigernden Erörterung (auch „Auseinandersetzung mit einer Ergänzungsfrage" genannt) beschäftigt man sich intensiv mit den im Thema enthaltenen Problemen und sammelt dafür Argumente mit Beispielen.

Umgang mit dem Thema Beispiel

Die im Thema enthaltenen Begriffe bieten einen Ansatz zum Aufschlüsseln der Themafrage und damit für die Stoffsammlung. z. B.: Wie können Jugendliche sinnvoll mit ihrer Freizeit umgehen?

Begriffs-erschließung Beispiel

Jugendliche: Schüler, Auszubildende, im Elternhaus lebend oder …, nachmittags zu Hause oder …, in der Stadt mit einem Angebot an Unterhaltung oder …
Interessen: Von wem angeregt? Allein oder in der Gruppe zu verwirklichen?
Freizeit: Was gehört dazu? Wie viel ist vorhanden? Wie „frei" ist Freizeit?
sinnvoll: Wer urteilt? Worin liegt für den Aufsatzschreiber „Sinn"?

Stichwortzettel

Einfälle aus der Begriffsbefragung werden auf einem Stichwortzettel notiert.

Gliederung

Der Aufsatz verlangt eine klare gedankliche Linie, er führt in Stufen von dem für den Verfasser weniger Bedeutsamen zum Wichtigsten. Möglichkeiten z. B.:
- vom Einzelnen (Bedeutung für mich) zum Allgemeinen (für Gleichaltrige)
- vom Naheliegenden zum bisher wenig Beachteten
- vom Allgemeinen zum Besonderen (Bedeutung für mich)

Einleitung

Die Einleitung führt zum Thema hin, deutet den Gang der Erörterung an, z. B.: Als Jugendliche sehe ich mich, Schülerin einer zehnten Gymnasialklasse, im Unterschied zu meiner Freundin, die kürzlich ihre Ausbildung als … begonnen hat. „Freizeit" hat für uns jeweils andere Bedeutung. …

Hauptteil

Die Notizen auf dem Stichwortzettel werden zu Fragen gebündelt, denen die Schreiberin im Einzelnen nachgehen muss, z. B.:
Wann haben wir Freizeit? Wie können wir die Freizeit ausfüllen?
Von welchen Bedingungen sind wir abhängig?
Was sehen wir als sinnvoll an – etwa im Unterschied zu …?
Was ist für uns – für mich – das Entscheidende?

Schluss

Der Schluss kann identisch sein mit dem letzten Satz des Hauptteils, er kann aber auch offen formuliert werden, z. B.: Ich sehe also viele unausgeschöpfte Möglichkeiten, aber …

Hinweise zum Schreiben

> - In sachlicher Sprache und in klaren Sätzen schreiben.
> - Die einzelnen Gedanken nicht unverbunden nebeneinander stellen, sondern miteinander verknüpfen, z. B. daraus ergibt sich, …; wenn man … berücksichtigt, dann …; ferner ist zu bedenken, dass …; einerseits … andererseits…
> - Mit anschaulichen Beispielen das Gemeinte verdeutlichen.
> - Im Einleitungssatz das Entscheidende gleich treffen und die Erörterung vorbereiten.
> - Im Schlusssatz das Hauptergebnis der Erörterung, das für den Verfasser Entscheidende, zusammenfassen.

In einem Pro-Kontra-Thema sind klare Alternativen vorgegeben. Der Schreiber oder die Schreiberin muss die beiden Positionen im Einzelnen herausarbeiten und sich entscheiden.

Definition

Beispielthema: Ist eine schriftliche Form der Leistungsbewertung in den einzelnen Fächern sinnvoller als die üblichen Zensuren?

Thema

Die Gedanken zum Thema werden gleich beiden Positionen zugeordnet.

Stoffsammlung

Pro Zensuren
- eindeutig
- klare Leistungsvergleiche möglich
- für den Lehrer ist mit einer Note die Leistung schnell notiert

Kontra Zensuren
- undifferenziert, individuelle Akzente fehlen
- Leistung nicht eindeutig zu errechnen
- Zensuren wirken unangreifbar

Pro schriftliche Beurteilungen
- Differenzierungsmöglichkeit
- Erläuterung der Schwächen und Stärken ist möglich
- Raum für Leistungsverbesserung wird angedeutet

Kontra schriftliche Beurteilungen
- nicht immer eindeutig, Raum für Missverständnisse und Ausdeutungen gegeben
- Lehrer hat viel Schreibarbeit, die Zeit fehlt ihm bei der Unterrichtsvorbereitung

Ungeeignetes, Abwegiges wird gestrichen, Zusammengehörendes nebeneinander gestellt, eventuell unter Oberbegriffen zusammengefasst, z. B.
- Wirkung auf Schüler
- pädagogische Folgen
- Folgen für den Lehrer

Überprüfung der Stoffsammlung

Der Aufbau des Aufsatzes hängt davon ab, wie der Schreiber sich selbst entschieden hat. Er setzt sich zunächst mit den Gegenargumenten auseinander und trägt dann die Argumente für seine Position vor, und zwar die gewichtigsten am Schluss.

Gliederung

Beispiel

Entscheidung:	Für Zensuren
Gliederung des Hauptteils:	1. Für schriftliche Beurteilungen – Gegen schriftliche Urteile 2. Gegen Zensuren – Für Zensuren (mit Überleitung zum Schluss)
Entscheidung:	Eine Verbindung von Zensuren und schriftlicher Beurteilung erstrebt
Gliederung des Hauptteils:	1. Für Zensuren – Gegen Zensuren 2. Für schriftliche Beurteilungen – Gegen schriftliche Urteile Überleitung: Beide Möglichkeiten sind für Schüler mit Einschränkungen sinnvoll.
Schluss:	Vorschlag als Zusammenfassung des bisher Erarbeiteten (keine neuen Gedanken!): In den Bereichen a und b Zensuren, in c und d schriftliche Beurteilungen.

Definition	Ein Argument ist eine überzeugende Begründung, ein so genannter ‚schlagender' Beweis, für eine Behauptung oder Meinung.
Zweck	Argumente stützen oder rechtfertigen Thesen (Meinungen).
Geschichte	Die Redekunst (Rhetorik) wurde in den öffentlichen Gerichtsverhandlungen im antiken Griechenland ausgefeilt. In einem geistigen Kampf wurde um Schuld oder Unschuld gestritten.
Argumentation im Alltag	Die Beweisführung ist noch heute Kern eines jeden Plädoyers (Gerichtsrede) von Staatsanwalt oder Verteidiger. Jede Diskussion oder Debatte (z. B. im Parlament) bedarf überzeugender Argumente.

Aufbau einer Argumentation

In allen schriftlichen Erörterungen hat die Argumentation folgende Struktur:

1. These:	Behauptung, die bewiesen werden muss, z. B.: „Deine Antwort ist falsch, …"
2. Argument:	Eine möglichst wirkungsvolle Begründung, z. B.: „… weil du den Text offenbar nicht gelesen hast."
3. Beispiel:	Eine Veranschaulichung, ein Beleg, zum Stützen des Arguments, z. B.: „Der Mord, von dem du sprichst, kommt im Text gar nicht vor."

Arten von Argumenten

These: Das Radfahren im Verkehr ist gefährlich.

1. Argumente, deren Richtigkeit nachprüfbar ist (Praxisbeweis):	Das belegen die *152 Unfälle* im letzten Monat.
2. Argumente, die sich auf Fachleute stützen (Autoritätsbeweis):	Der *Verkehrsminister* hat in seiner letzten Rede diese Angaben gemacht.
3. Argumente, bei denen aus einer ähnlichen Ausgangslage etwas gefolgert wird (Analogiebeweis):	Zu Beginn der Motorisierung gab es *eine entsprechende Situation* für Reiter auf den Straßen – sie wurden verdrängt.
4. Argumente als Ergebnisse einer logischen Schlussfolgerung aus einer unbestrittenen Aussage:	Alle Teilnehmer im Verkehr sind gefährdet (unbestrittene allgemeine Aussage). Radfahrer sind Verkehrsteilnehmer (Einzelfall), also gefährdet.

Hinweise zur Gestaltung

Kontrollfrage:	Wirkt das Argument überzeugend? D. h., ist es sachlich richtig und gedanklich korrekt, logisch? Ist das zum Beweis herangezogene Beispiel überzeugend, nicht etwa ein untypischer Einzelfall?
Reihenfolge:	Die stärksten Argumente werden an den Schluss gesetzt.
Gegenpositionen:	Während des Argumentierens setzt man sich auch mit Gegenmeinungen auseinander, z. B.: Man meint zwar, die Gefährdung der Radfahrer sei geringer als die der Fußgänger, aber …
Sprache:	sachlich, knapp und treffend; die Gedankenbewegung verdeutlichen, z. B.: Von … kann man ausgehen, *weil* … *Dagegen* lässt sich einwenden, … *Zwar* hat dies auch Nachteile, *aber* …

Begriffe erklären und bestimmen (definieren)

Definition

In einem Begriff (s. „begreifen“) werden Zusammenhänge und Probleme unabhängig von Einzelbeispielen erfasst. Die Begriffsbestimmung oder Begriffsdefinition erklärt Inhalt und Bedeutung einer solchen Bezeichnung.

Zweck einer Begriffsbestimmung

Beim Erklären eines Begriffes wird deutlich, was er tatsächlich umfasst, z. B.: „Information“ heißt Übermittlung von Fakten, Ergebnissen einer Untersuchung, von Nachrichten und Angaben aller Art.

Begriffsbestimmungen in der Schule

Begriffsbestimmungen gehören oft zur Vorarbeit für eine Erörterung, z. B. beim Thema: „Welche Bedeutung erhält der *Begriff der Freiheit* für die Hauptpersonen in Alfred Anderschs Roman ‚Sansibar oder der letzte Grund‘?“

Beispiel für eine Begriffsbestimmung

‚Freiheit“:
Körperlich: Nicht gefangen.
Geistig: Denken, was man will, und diese Gedanken auch äußern dürfen.
Existenziell: Frei von Unterdrückung, Angst, belastender Vergangenheit; nicht durch Armut behindert; frei für eine neue Aufgabe, z. B. das Übersiedeln in ein anderes Land …

Entstehen eines Begriffs

Damit man sich – unabhängig von gemeinsam erlebten Einzelfällen – mit anderen verständigen kann, braucht man Abstraktionen, Begriffe.
Beobachtet wird z. B.: Eine Gruppe von Menschen hat fast nichts zu essen, trägt zerlumpte Kleider, lebt in Wellblechhütten. Gesprochen und geschrieben wird über „Armut“ (Begriff).

Möglichkeiten einer Begriffsbestimmung

Den Inhalt eines Begriffs erfasst man durch Fragen nach der *Bedeutung, Verwendung und Geltung,* z. B. Begriff „Glück“:

1. Worauf verweist der Begriff? Welche Inhalte fallen mir dazu ein? (Glückskind, vom Glück begünstigt, Hans im Glück …)
2. In welchen Zusammenhängen wird der Begriff verwendet? (Betonung des Hochgefühls, glücklicher Ausgang einer Krise, frohes Ereignis …)
3. Welche Gegenbegriffe gibt es? (z. B.: Unglück, Unheil, Unzufriedenheit, innere Unausgeglichenheit)
4. Mit welchen bedeutungsgleichen oder ähnlichen Wörtern (Synonymen) kann der Begriff umschrieben werden? (z. B.: Wohlbehagen, Freude, Lust, Zufriedenheit)
5. Wie ist der Begriff entstanden? (Im antiken Rom dachte man an eine Glücksgöttin Fortuna.)
6. Kann man den Begriff sprachlich erklären? (z. B. Begriff → begreifen)
7. Wie lässt sich der Begriff unterteilen? (z. B.: seelisches Glück, materielles Glück, Glück im Beruf, Glück in der Familie)
8. Welche besondere Bedeutung hat der Begriff im Zusammenhang mit dem Aufsatzthema (z. B. in dem bestimmten Roman)?

Der Inhalt eines Begriffs liegt also nicht ein für allemal fest; wer ihn verwendet, muss daher mitteilen, was er unter dem Begriff zusammenfassen oder verstehen will, er muss den Begriff definieren.

Eine Texterörterung schreiben

Definition

> In einer Texterörterung setzt man sich mit Thesen und Hauptargumenten einer vorliegenden Erörterung auseinander und klärt seinen Standpunkt.

Zweck und Ziel

Im Umgang mit Argumenten anderer lernt man neue Gedankenwege kennen, aber auch Abwege und/oder argumentativ schlecht ‚befestigte' Wege durchschauen. Ein sehr gründliches Untersuchen der gesamten Argumentation verhindert, dass man dem Text etwas unterstellt. Die eigene Stellungnahme am Schluss beruht auf einem intensiven ‚Dialog' mit dem Text.

Arbeitsschritte

1. Gründliches, mehrmaliges Lesen des Textes.
2. Notieren der Grundgedanken und -positionen des Textes, des Themas oder Problems. Wenn die Positionen des Textes nicht ausdrücklich als Thesen formuliert sind, sollte man eine Formulierung versuchen und damit sein Textverständnis klären.
3. Erläutern der Hauptbegriffe (z. B. „Held", s. Beispiel Seite 17).
4. Kritisches Überprüfen des Gedankengangs, der Argumente und Beispiele.
5. Sammeln und ordnen der eigenen Gedanken zum Text.

Vorarbeit

- Beim Lesen Kennzeichnen der wichtigsten Textstellen, den Inhalt der Abschnitte am Rand in Stichworten zusammenfassen.
- Unbekannte Begriffe nachschlagen oder aus dem Zusammenhang erschließen.
- Einteilen des Textes in Sinnabschnitte: Bis zu welcher Stelle wird ein Gedanke entwickelt? Wo beginnt der nächste? So lässt sich die Gedankenführung, die innere Gliederung, erkennen.

Hauptarbeit

- Genau das Thema des Textes benennen. Das ergibt einen Einleitungssatz.
- Die Grundgedanken des Textes in eigenen Worten zusammenfassen, eventuell als Thesen formulieren, d. h. in knappen Behauptungssätzen.
- Sich mit diesen Grundgedanken oder dem zentralen Begriff auseinander setzen.
- Die eigene Bewertung am Schluss zusammenfassen.

Hinweise zum Schreiben

> - In einem ersten, ‚zugreifenden' Satz den Hauptgedanken des Textes angeben, zu dem man Stellung nehmen will.
> - Den Inhalt des Textes als möglichst neutraler Beobachter knapp zusammenfassen und dabei dem ‚Dialogpartner' Text gerecht werden. Nicht paraphrasieren, nicht ‚nacherzählen'.
> - Klar unterscheiden zwischen Informationen und Behauptungen des Textes und Meinungen des Aufsatzschreibers.
> - Während der Auseinandersetzung mit dem Problem des Textes immer wieder auf den Text zurückkommen; er ist nicht ‚Aufhänger', sondern Arbeitsgrundlage.
> - Eine genaue Analyse von Form und Gestaltung des Textes wird nicht verlangt; wenn allerdings die Gestaltung dem Leser das Problem in besonderer Weise vermittelt, sollte das im Aufsatz erwähnt werden.
> - Wenn möglich, das Hauptproblem in einen größeren Zusammenhang einordnen, eventuell Meinungen anderer und andere Beispiele ergänzend dagegensetzen.

Erörterung des Themas „Helden“ anhand eines Textes von Erich Kästner
[...] Ich wollte kein Held sein oder werden. Und ich bin auch keiner geworden, kein falscher und kein echter Held. Wisst ihr den Unterschied? Falsche Helden haben keine Angst, weil sie keine Fantasie haben. Sie sind dumm und haben keine Nerven. Echte Helden haben Angst und überwinden sie.
Ich habe manches liebe Mal im Leben Angst gehabt und sie, weiß Gott, nicht jedes Mal überwunden. Sonst wäre ich heute vielleicht ein echter und sicherlich ein toter Held. Nun will ich mich allerdings auch nicht schlechter machen, als ich bin. Zuweilen hielt ich mich ganz wacker und das war mitunter gar nicht so einfach. Doch die Heldenlaufbahn als Hauptberuf, das wäre nichts für mich gewesen [...]

Beispiel Erich Kästner: ‚Als ich ein kleiner Junge war‘, 1957 (Ausschnitt)

Ansätze zu einer Texterörterung
In diesem sehr persönlich gehaltenen Text von Erich Kästner, einem Rückblick auf wesentliche Stationen seines Lebens, geht es um das Thema „Helden“ und die Frage, ob der Autor einer gewesen sei. Er entwickelt folgende Hauptgedanken:
- Der Verfasser wollte nie ein Held sein, weder ein falscher noch ein echter.
- Falsche Helden sind nur deshalb Helden, weil sie zu dumm sind Angst zu haben.
- Echte Helden wissen, was sie erwartet, haben Angst und überwinden sie.

Einleitungssatz mit Thema und Hauptfrage
thesenartige Zusammenfassung der Hauptgedanken

Die offenkundig aus eigenen Erfahrungen im Ersten Weltkrieg hervorgegangene Definition des Begriffs „Helden“, die hier im Mittelpunkt steht, widerspricht der verbreiteten Auffassung: Ein Held ist ein strahlender Sieger, ein großer Einzelkämpfer, der durch seine Taten, möglicherweise sein Opfer, Ruhm und Unsterblichkeit gewinnt, – ein Vorbild, ein Ideal, etwas, wonach jeder Junge streben sollte. Kästner behauptet aus eigener Sicht das Gegenteil: Er wollte schon als Junge kein Held sein und er begründet dies mit einem völlig anderen Heldenbild. Schon seine Unterscheidung von falschen und echten Helden macht stutzig, ‚Held‘ sozusagen als Etikett für einen dummen Gernegroß, der sich nur traut, weil er nicht weiß, was ihm blüht. Wären demnach nicht alle Heldengestalten in Sagen falsche Helden – Siegfried, Achill, Hektor oder auch Westernhelden? Nach Kästner fehlt ihnen eine entscheidende Voraussetzung für eine Heldentat: der innere Kampf mit der eigenen Angst, den eigenen Bedenken, dem Wissen um Schuld und Leid, die durch die eigenen ‚Heldentaten‘ entstehen.
Kästner geht noch einen Schritt weiter: Echtes, also ehrliches Heldentum ist auch nicht vorbildhaft, denn es führt letztlich zum Tod, z. B. in einer Schlacht, wenn man aus Gehorsam und Verantwortung für die Kameraden mit vorrückt. Damit wird das tiefere Anliegen Kästners deutlich: Die Frage nach den Helden ist die Frage nach den Menschen, die diese Helden sind, und der Sinnlosigkeit solcher Vorbilder. Nach Kästner wäre es wohl besser, wenn wir diese Vorbilder nicht brauchten.
Hier setzt die Frage ein, ob Kästner sich zu eng an seinen Kriegserfahrungen orientiert. Es ist zu überlegen, ob er nicht ein anderes, alltägliches Heldentum gelten lassen müsste – ‚Heldentaten‘ von Menschen, die sich ohne äußeren Ruhm für andere einsetzen oder gar opfern ...

Erläuterungen zum Begriff „Held“
Rückkehr zum Text
Einordnen in einen größeren Zusammenhang mit anderen Beispielen
Formulierung des Hauptgedankens
abwägendes Nachzeichnen der weiteren Gedanken
neues Ergebnis
Weiterführung
Infragestellen der These

Kommentieren

Definition	**Ein Kommentar ist eine erläuternde und wertende Stellungnahme zu einem aktuellen Ereignis oder Thema.**
Zweck und Ziel	Kommentiert wird in den Medien: in Presse, Funk und Fernsehen. Während in den Nachrichten knapp, präzise und objektiv Tatsachen wiedergegeben werden, setzt sich der Verfasser eines Kommentars aus seiner persönlichen Sicht, also subjektiv, mit dem entsprechenden Vorgang auseinander. Er will die Meinung der Hörer oder Leser gezielt beeinflussen, muss für das Gesagte aber auch selbst die Verantwortung übernehmen.
Kommentare in den Medien	In der Presse unterscheidet man folgende Kommentarformen: – Leitartikel, die ‚Großform' des Kommentars zu einem zentralen Thema an zentraler Stelle der Zeitung; – Kurzartikel, ein auf schlagende Argumente reduzierter Leitartikel; – Glosse (s. u.); – Tageskommentar, auf ein aktuelles Thema bezogen, an eine Nachricht anknüpfend, klärend und wertend, nicht polemisch.
Kommentare in der Schule	Mit der Aufgabe, einen Kommentar z. B. zu einem aktuellen Schulereignis zu schreiben, wird eine wirkungsvolle Form persönlicher Auseinandersetzung mit Strittigem geübt: Schwerpunkte zu setzen, Zusammenhänge zu formulieren, Schlussfolgerungen zu ziehen, die persönliche Meinung mit geeigneten stilitischen Mitteln zu formulieren (s. auch Erörtern, Argumentieren).
Absichten des Kommentators und Inhalte des Kommentars	Ein Kommentar kann wirkungsvolle Zusatzinformationen bieten, Hintergründe andeuten, direkt und engagiert an die Öffentlichkeit appellieren: – Informationen erläutern – Zusammenhänge erklären – Hintergründe aufdecken – Vorgänge bewerten und einordnen – mögliche Folgen aufzeigen – eine eigene Meinung begründet vertreten – Fragen aufwerfen – kritisieren, bezweifeln, berichtigen Den zugrunde liegenden Sachverhalt sollte der Kommentator genau kennen.
Hinweise und Fragen zum Schreiben eines Kommentars	Über welche Informationen muss ich verfügen, um begründet argumentieren zu können? Welche Meinung will ich vertreten? Was will ich vor allem erreichen? Will ich zur Klärung beitragen, will ich aufrütteln, appellieren? Wo liegt das stärkste Argument? Das muss am Schluss erscheinen, der Leser wird in deutlich erkennbaren Schritten zum Höhepunkt geführt. Welche Stilmittel eignen sich: Anspielungen, rhetorische Fragen, sprachliche Bilder und Vergleiche, aussagekräftige Verben und Adjektive, Zitate? Wie lassen sich sprachliche Gedanken verknüpfen, ein Abwägen deutlich machen (einerseits – andererseits, demgegenüber aber …, so gesehen …)? Mit welcher Überschrift lassen sich Aufmerksamkeit und Interesse wecken?

---

(1) Fließgraben in der Mark Brandenburg. (2) Roman Fontanes. (3) Der Name ist Schicksalsbestimmung (hat magisch-beschwörenden Charakter). (4) Fontane schrieb ‚Wanderungen durch die Mark Brandenburg'. (5) Titel einer Ballade Fontanes. (6) Schlusssatz des Fontane-Romans ‚Effi Briest'. (7) Namen aus Fontanes Werken.

Leserbrief

Mit großem Interesse habe ich in Ihrer Zeitung vom ... die Diskussion um die geplante Umbenennung meiner alten Schule von „Schule am Königsgraben“[1] in Theodor-Fontane-Schule verfolgt. Dieses Vorhaben kann ich aus meinen Schulerinnerungen heraus sehr befürworten.
Obwohl ich mich in meiner Schule unter dem bisherigen Namen durchaus zu Hause gefühlt habe, war ich doch, wie auch andere, etwas neidisch auf unsere Altersgefährten vom Schiller-Gymnasium und von der Anne-Frank-Schule. Sie konnten sich mit Persönlichkeiten aus der Geschichte identifizieren oder auseinander setzen, wie junge Menschen das gern tun. Eine noch so schöne ‚Landschaft‘ eignet sich hierfür nicht.
Vielleicht trägt diese Erinnerung einer alten Schülerin zur Meinungsbildung bei.
Irene Marquardsen, Potsdam

Bezug

Klare Stellungnahme
persönlicher Standpunkt

Begründung und Folgerung

Kommentar Irrungen Wirrungen[2] oder Nomen est Omen[3]?

Das hätte sich unser alter Fontane wohl kaum träumen lassen, dass er im geschichtsträchtigen 90. Jahr unseres Jahrhunderts zum schulpolitischen Streitobjekt wird – ausgerechnet in seiner geliebten Mark Brandenburg[4]!
Das schlagendste Argument der ‚Umbenenner‘ ist wohl gleichzeitig das der ‚Beibehalter‘: Wenn die einen meinen, es sei lokalpatriotische Pflicht, angesichts der zahlreichen Fontane-Schulen im deutschsprachigen Raum gerade dort, wo der Meister am Königsgraben gewandert ist, eine Schule nach ihm zu benennen, fragen die anderen: Warum nach 50 Fontane-Schulen noch eine 51.?
Hinter diesem Streit um einen Schulnamen stehen offenkundig politische Interessen: Wahlen sind angesagt im märkischen Land rings um den Königsgraben und da scheint mancher politische Lokalmatador froh zu sein, endlich ein viel versprechendes Wahlkampfthema zu haben.
Noch etwas: Spielt etwa die Sorge um schulische Umstrukturierungen, sprich: Angst vor Schließung der zahlenmäßig schwach besetzten Bildungsanstalt, eine Rolle? Soll die Umbenennung Rettung in letzter Minute bringen, weil man dem Schöpfer des Herrn Ribbeck auf Ribbeck im Havelland[5] nichts antun kann? Aber das ist wohl „ein zu weites Feld“[6]! Jürgen Breit

persönlicher, ironischer Stil

treffende Zuspitzung der Argumentation

Hintergrundinformation

ironische Anspielung mit Zitaten

Glosse Kriegsberichterstattung 1990/91

Heissa, nun dreschen sie wieder aufeinander ein wie weiland die Askanier und die aus Brennabor, die märkischen Dickschädel im Lande der Briests, Stechlins und Wuthenows[7]! Die Kampfparolen lassen die Freunde Brandenburgs erzittern: „Fontane sei's Panier! – Königsgraben: Bis hierher und nicht weiter!“ Dabei geht es um Wesentliches: um die Schule – natürlich, wie immer in Wahlkampfzeiten, wenn die übrige Munition verschossen ist. Dann entdecken die politischen Heißsporne den „Kulturbereich“, über den man sonst gern zu größeren Taten hinweggaloppiert. Heissa, ihr Märker, drauf und dran! Um einen guten Namen geht's, beileibe nicht um Inhalt! Ihr könnt beruhigt aufeinander schlagen, das Scharmützel tut keinem weh, aber der Bürger merkt: Es tut sich Großes!
Wie wäre es mit einem Waffenstillstand oder Burgfrieden? Die Schule bleibt im Dorf und Fontane wird mehr gelesen?! Heissa! Heinz Kramer

Anspielung auf Fontane als Kriegsberichterstatter 1870/71

Sprachfeld: Kampf

ironische Zuspitzung

Einen Leserbrief schreiben

Definition

> Der Leserbrief ist eine öffentliche Stellungnahme zu einem zuvor veröffentlichten Zeitungsartikel. Der Briefschreiber äußert Zustimmung oder Ablehnung zu Aussagen des Artikels.

Bedeutung für den Leserbrief-schreiber

Die Sparte „Leserbriefe" einer Zeitung gibt einzelnen Bürgern die Möglichkeit, ihren Standpunkt zu einem ihnen wichtigen Thema bekannt zu machen und damit zur öffentlichen Meinungsbildung beizutragen.

Möglichkeiten zum ‚Eingreifen'

Der Briefschreiber oder die Briefschreiberin kann die im Artikel geäußerten Meinungen und Vorschläge unterstützen, ergänzen, korrigieren, kommentieren, ablehnen oder neue Fragen zum Thema aufwerfen. Wenn sich der Leserbrief auf den Lokalteil einer Zeitung bezieht, sind auch Hinweise auf lokale Missstände und Vorschläge zur Abhilfe möglich, z. B. die Forderung nach einer zusätzlichen Ampelanlage in der Nähe der Schule.
Direkt Betroffene können sich also in einer freien Presse zu Wort melden. Gegensätzliche Meinungen prallen im Leserbriefteil oft aufeinander und die Redaktionen der Zeitung greifen in weiteren Artikeln die strittigen Themen erneut auf (s. a. Erörtern, Argumentieren).

Voraussetzungen für eine Veröffentlichung

Wer einen Leserbrief schreibt, muss sein Anliegen so knapp wie möglich vortragen; dennoch behält die Redaktion sich Kürzungen aus Umfangsgründen vor. Mit solchen Kürzungen und mit der Veröffentlichung muss der Einsender ohne Rückfrage einverstanden sein. Mit seinem Namen steht er für seine Meinung gerade. Eine direkte Antwort erhält er nicht.

Leserbrief als Aufsatzthema

Im Rahmen der Behandlung journalistischer Formen könnte ein Aufsatzthema lauten:
Verfasse einen Leserbrief, in dem du zu dem vorliegenden Artikel aus der … Zeitung vom … kritisch Stellung nimmst.

Vor-überlegungen

- Auf welche zentrale Aussage des Artikels und auf welche Unterpunkte will ich mich beziehen?
- Wie ist meine Grundeinstellung: zustimmend, ablehnend?
- Welches ist mein Hauptargument?
  Welche weiteren Argumente kann ich auf dem knappen Raum noch unterbringen?

Hinweise zur Gestaltung

Der Leserbriefschreiber will für seinen Beitrag weitere Leser gewinnen. Inhalt, Form und Sprache seines Leserbriefs muss er selbst verantworten. Er sollte:
- sofort auf den Punkt, also sein Hauptargument, kommen und von hier aus weitere Gedanken entwickeln,
- den Brief sehr klar aufbauen, damit auch solche Leser folgen können, die mit dem Gegenstand nicht völlig vertraut sind, gegebenenfalls überzeugende Beispiele anführen,
- in gut durchschaubaren Sätzen und klarer, überzeugender Sprache schreiben,
- mit Engagement sein Anliegen vertreten, aber persönliche Angriffe vermeiden.

Definition

> Die Glosse ist eine kurze, prägnante, meist witzig-ironische Randbemerkung mit Kommentarcharakter zu aktuellen Themen. Sie zeichnet sich aus durch eine pointierte Darstellung und einen geschliffenen Stil.

Zweck und Ziel

Die Glosse ist die kürzeste und kunstvollste journalistische Form. Sie soll inhaltlich wie sprachlich-stilistisch hohen Ansprüchen genügen: schlagkräftig sein, also geistig und künstlerisch „ins Schwarze treffen", auf sehr knappem Raum eine überzeugende Erkenntnis und Einsicht ermöglichen.

Geschichte

Sie hat sich aus den „Randglossen" in Buchhandschriften entwickelt. Beim Abschreiben haben Mönche ihnen unverständliche Stellen am Rand mit sehr kurzen Anmerkungen „glossiert", oft zum Vergnügen späterer Leser.

Glossen in der Zeitung

In vielen Zeitungen erscheinen Randbemerkungen oder Glossen zu alltäglichen oder zu übergeordneten Themen, z. B. in der amerikanischen Presse „Today Columne" oder in deutschen Zeitungen z. B. „Am Rande bemerkt". Heutzutage werden Glossen meist im Plauderton geschrieben; diese Feuilletonsprache entwickelt zum Ende jedoch ‚Biss' und stellt die ‚Angegriffenen'.

Glossen in der Schule

Sicherheit im Umgang mit der Sprache muss geübt werden, damit eine Glosse inhaltlich genau geplant erscheint, eine Zuspitzung erreicht, das Thema also ‚auf den Punkt gebracht' wird. Anspielungen, Zitate und rhetorische Mittel (s. Begriffserklärungen) bestimmen eine Glosse.

Vorüberlegungen

Eine Glosse ist umso wirkungsvoller, je knapper und angriffslustiger (polemischer) sie formuliert ist. Mit der sprachlich elegant verpackten Bosheit sollte jedoch immer ein ernsthaftes Anliegen vertreten, Klärung und Aufklärung angestrebt werden, nie spielerischer Selbstzweck.

Fragen vor dem Aufschreiben

- Welchen Angriffspunkt wähle ich, wie formuliere ich demgemäß das Thema? (‚Aufspießen' lassen sich z. B. Anmaßung, Heuchelei und Eigennutz.)
- Welche Einfälle entstehen aus dem Herumprobieren mit einschlägigem Wortmaterial, mit Wortspielen?
- Welches stilistische Mittel kann die Glosse insgesamt zur Wirkung bringen, also den Text durchgängig bestimmen?

Hinweise zum Schreiben einer Glosse

> - Einen prägnanten, spannenden Einstieg, einen direkten Zugriff zum Thema suchen (z. B.: „Das haben wir schon geahnt").
> - Eine treffsichere Überschrift formulieren, z. B. Wortspiel oder Anspielung (z. B. „Epitaph" [Grabschrift] für ein Schulfest).
> - Möglichst ein Bild oder Begriffsfeld durchhalten, innerhalb dieses Feldes variieren, auch mit gängigen Schlagwörtern und Klischees spielen, die Möglichkeiten zu Anspielungen ausschöpfen (z. B. ist gemeint: lächerlicher Kraftaufwand; geschrieben wird: „Kriegsbericht", s. Seite 19).
> - Witz und Pointe aus Überraschungseffekten entstehen lassen, aus unerwarteten, übertriebenen Bildern.
> - Auf die Pointe am Schluss hinleiten.

Protokollieren

Definition

> In einem Protokoll werden die wesentlichen Schritte eines Ablaufs und die Hauptergebnisse einer Verhandlung oder einer Unterrichtsstunde sachlich richtig zusammengefasst und übersichtlich wiedergegeben.

Zweck

- Erinnerungshilfe für Teilnehmer einer Veranstaltung,
- genaue Information von Abwesenden,
- Sicherung wichtiger Ergebnisse als Basis für weitere Arbeit, auch mit rechtlicher Bedeutung: Was wurde beschlossen? Was wurde abgelehnt?

Protokolle im Alltag

Bei jeder wichtigen Besprechung im öffentlichen Leben und in der Wirtschaft wird protokolliert. Gerichts- und Polizeiprotokolle sind Grundlage für weitere Verhandlungen. Unfallprotokolle sind Unterlagen für Schuldfeststellungen vor Gericht oder für Versicherungen zur Schadensregulierung. Für wichtige Sitzungen und Verhandlungen besteht Protokollpflicht. In der Ausbildung dienen Protokolle dem Wiederholen des Gelernten.

Protokolle in der Schule

In vielen Fächern werden Lernergebnisse einer Unterrichtsstunde im Protokoll erfasst, im naturwissenschaftlichen Unterricht vor allem Versuchsabläufe. Protokolle von Schülerratssitzungen entsprechen Protokollen im öffentlichen Leben.
Geübt wird: entscheidende Stellen des Gesprächs zu erfassen, Abläufe und Ergebnisse in überschaubarer Ordnung wiederzugeben, sachlich und knapp.

Protokollformen

Verlaufsprotokolle geben die wesentlichen Stellen eines Gesprächsverlaufs wieder in genauer zeitlicher Folge der einzelnen Schritte; die am Gespräch Beteiligten werden mit ihren wichtigsten Beiträgen erwähnt. ***Ergebnisprotokolle*** halten nur die entscheidenden Ergebnisse fest und fassen Zwischenergebnisse zusammen. Die zeitliche Abfolge des Gesprächsverlaufs spielt dabei keine Rolle. ***Protokolle in der Schule*** sind meist eine Mischung beider Formen: Die Ergebnisse einer Unterrichtsstunde bilden das Zentrum, wichtig sind aber auch die Arbeitsschritte.

Hinweise zum Protokollschreiben

Hauptregel:	Sachlich richtige, nachvollziehbare Wiedergabe des Besprochenen.
Zeitform:	Präsens und Präteritum sind möglich.
Kopfzeilen:	Ort, Datum, Anwesende, Thema.
Gliederung:	Nach den Phasen des Ablaufs, der Tagesordnungspunkte.
Hervorhebungen:	Wichtige Formulierungen im Wortlaut mit Anführungszeichen.
Sprache:	Genau, sachlich, keine Wertungen oder Umschreibungen, keine unwichtigen Einzelheiten.
Ergebnisse:	Beim Verlaufsprotokoll am Schluss knapp zusammenfassen.
Objektivität:	Nichts Wichtiges weglassen, keine wertenden ‚Einfärbungen': genaue Wiedergaben.
Unterschrift:	Der Protokollant übernimmt mit seiner Unterschrift die Verantwortung für die Richtigkeit der Wiedergabe.

Hinweise zur Mitschrift des Protokollanten

- Gesprächsbeiträge und Ergebnisse in ihrer Abfolge übersichtlich untereinander schreiben.
- Breiten Rand und Zwischenräume für Nachträge lassen, z. B. für Namen und Begriffe, die später genauer erläutert werden.
- Hauptgedanken und wichtige Angaben notieren, nicht alles mitschreiben. Zusammenfassungen und Hervorhebungen des Diskussionsleiters (Lehrers) helfen dem Protokollanten, das ‚Gerüst' für die Mitschrift zu finden.
- Umfangreiche Redebeiträge zusammenfassen, u. U. mit Oberbegriffen.
- Nur besonders charakteristische Formulierungen wörtlich mitschreiben.
- Auf ‚Gelenkstellen' des Ablaufs achten: Wo ändern sich Meinungen entscheidend? Wo verdichten sich Argumente? Wo werden Entscheidungen getroffen? Diese Stellen müssen im Protokoll klar hervortreten.

Beispiel

	Protokoll der Deutschstunde Klasse 10a
Ort	Bettina-von-Arnim-Oberschule
Datum	26. 6. 19.. 8.00 bis 8.45 Uhr
Teilnehmer	Alle Schülerinnen und Schüler außer …
Leitung	Herr Jacoby
Protokollantin	Lena Lüder
Thema	Sind ‚Die Physiker' von Dürrenmatt eine Kriminalstory?

Verlauf
Einstieg

Als Einstieg in die Diskussion diente das Zitat eines Schweizer Kritikers (Tafelanschrieb): „Dürrenmatt bleibt immer der verhinderte Kriminalschriftsteller, dessen Stories für den Groschenroman zu anspruchsvoll und für die Bühne zu schlicht sind."

statt wörtlicher Rede Zusammenfassung

Zunächst wurde festgestellt, dass die Grundstruktur der ‚Physiker' – mehrere Morde, Rolle des Kommissars, Aufklärung eines Mordfalls, Verhörsituation – Merkmale einer Kriminalgeschichte hat. ~~Bernd meinte dann: „Der Mord an Schwester Monika ist wie eine Mischung aus Kitsch- und Kriminalroman, Sex and Crime." Hierauf wurde entgegnet, das eigentliche Anliegen, die Verhinderung der Weltkatastrophe, sei dafür zu ernsthaft.~~[1] Daher sei auch die Auflösung des Mordfalls nur ein vordergründiger Spannungsreiz.

keine zu persönlichen Wertungen

Erarbeitet wurde dann in mehreren Schritten das Ergebnis, Dürrenmatt habe die Kriminalstory als Anreiz für den Zuschauer und zu dessen Irreführung genutzt. Nach Dürrenmatt sei nämlich die Komödie eine Mausefalle, in die das Publikum gelockt werden müsse. ~~Inge und Gerhard empfanden den Umschlag vom Krimi zur Welttragödie trotzdem als Bruch.~~[2] Außerdem wurde damit argumentiert, dass Dürrenmatt ans Ende des Stücks die apokalyptische Vision vom Untergang der Welt gesetzt hat, vielleicht, um auf den tödlichen Ernst dieses ‚Weltkrimis' der Wissenschaftler hinzuweisen. […]

Korrekturen

[1] Gegen die Auffassung, der Mord an Schwester Monika sei eine Mischung aus Sex and Crime, Kitsch- und Kriminalroman, wurde eingewendet, das ernste Anliegen des Stücks, die Verhinderung der Weltkatastrophe, widerlege diese Interpretation.

[2] Die Frage, ob der Umschlag vom Krimi zur Welttragödie ein Bruch sei, blieb offen.

Inhalte wiedergeben

Definition	In einer Inhaltsangabe werden in knapper Berichtsform wichtige Stationen einer Handlung und Hauptprobleme eines Textes zusammengefasst.

Gebrauchsweise

Inhaltsangaben finden sich z. B. in Schauspiel- und Opernführern, in Zeitungen bei Fortsetzungsromanen, in Buchumschlägen (Klappentexte).

Erwartungen des Lesers

Der Leser einer Inhaltsangabe muss sich den ganzen Text vorstellen können. Der Schreiber darf daher nicht nur das wiedergeben, was ihm besonders gefällt oder missfällt. Ein Gesamtüberblick ohne persönliche Wertung wird erwartet.

Leitfragen

Die Inhaltsangabe antwortet auf folgende Leitfragen:

1. Worum geht es im Kern des Textes?
2. Über welche für diesen Kern wichtigen Stationen läuft die Handlung?
3. Zu welchem Ergebnis führt der Handlungsablauf?

Schritte zum Aufschreiben

Eine Inhaltsangabe entsteht in folgenden Schritten:

1. Thema, Haupthandlung oder Hauptproblem werden benannt.
2. Zwischen Haupthandlungen und Nebenhandlungen wird unterschieden.
3. Alle Angaben, die in der Inhaltsangabe erscheinen sollen, werden geordnet.
4. Was berichtet werden soll, wird in eigenen Worten zusammengefasst, nicht wörtlich aus dem Text übernommen.

Grundregeln

Die Grundregeln lauten also:

Schwerpunkte bilden	auf Einzelheiten verzichten
in verständlicher Abfolge schreiben	keine Gedankensprünge machen
in sachlicher Sprache schreiben	keine Nacherzählungen, keine direkte Rede schreiben
in eigenen Worten berichten	den Text nicht wörtlich wiedergeben; höchstens eine sprachliche Besonderheit zitieren

Hinweise zur Gestaltung

Sprache:	Nüchtern, knapp und sachlich informierend.
Umfang:	Höchstens eine Seite lang.
Zeitform:	Immer Präsens, denn der Inhalt wird ‚jetzt' vergegenwärtigt. Kein „Es war einmal"-Stil.
Wortschatz:	Sachlich, möglichst objektiv. Verzicht auf Ausschmückungen, beschreibende Adjektive, ‚spannende' Verben. Keine Formulierungen, die den Abstand zum Text verringern und erzählend wirken wie: plötzlich, jetzt, nun usw.
Keine wörtliche Rede:	Wenn eine Äußerung sehr wichtig ist, wird sie in indirekter Rede wiedergegeben, nicht als Zitat.
Erklärender Stil:	Verknüpfungswörter und entsprechende Nebensätze machen gedankliche Zusammenhänge deutlich: weil … obwohl …, daraus folgt …
Eigene Oberbegriffe:	Längere Handlungsabläufe werden auf einen Begriff gebracht, z. B. statt der ausführlichen Beschreibung einer Auseinandersetzung: „Es kommt zum *Konflikt*." Mit Begriffen gezielt ‚auf den Punkt kommen'.

Erster Schritt zum Aufschreiben einer Inhaltsangabe: Die Stichwortskizze — Stichwortskizze

Die Erzählung ‚Popp und Mingel' von Marie Luise Kaschnitz — Beispiel

Erfahrungen eines Jungen zwischen Kindheit und Erwachsenwerden; die Einsamkeit eines Kindes mit berufstätigen Eltern; die Suche nach Liebesersatz in Gestalt alten Spielzeugs; erster Verlust. — Thema und Hauptproblem

Icherzähler (Rückblende: innerer Rechenschaftsbericht des Jungen), die Ersatzfamilie des Jungen: Popp (alter Fußball), Mingel (alte Puppe), Harry (Schachfigur), Luzia (Luftballon) — Personen

Stationen des Geschehens:

- Das alltägliche Nachhausekommen in die leere Wohnung
- Spiel mit der ‚eigenen Familie' als Wunschbild
- Verlust der Spielfamilie durch Aufräumen der Mutter
- Verzweifeltes Suchen

Höhepunkte (Beinahekatastrophe):

- Gefährliches Spiel mit dem Gasherd – Brand in der Wohnung
- Rettung des Jungen, Fragen der Eltern, Suche nach Motiven

Auffälligkeit:

- Sprachlicher Wechsel von „ich" zu „man" im letzten Satz signalisiert Ende der Kindheit: „… aber jetzt weiß man mit einem Mal, dass man kein Kind mehr ist."

Zweiter Schritt: Die Ausformulierung einer Inhaltsangabe

Aus der Stichwortskizze ergibt sich der Aufbau einer Inhaltsangabe: Autor und Form des Textes; Angabe des Themas, des Problems, der Haupthandlung in Kurzform; eventuell: gesellschaftlicher Hintergrund. — Aufbau 1. Einleitungssatz

In der Erzählung ‚Popp und Mingel' stellt Marie Luise Kaschnitz am Beispiel eines Jungen und seiner ‚Wunschfamilie' aus altem Spielzeug die Beziehung zwischen Kind und Eltern und das schmerzhafte Erwachsenwerden durch einen ersten, großen Verlust dar. — Beispiel

Verständliches Darstellen der wichtigsten Ereignisse und Probleme in zeitlicher Abfolge. Das Umfangsverhältnis zwischen den Teilen sollte in der Inhaltsangabe nicht anders sein als im Original. Da in der Erzählung ‚Popp und Mingel' sich nur einmal etwas ereignet (als es brennt), liegt auch in der zusammenfassenden Inhaltsangabe das Hauptgewicht auf den inneren, seelischen Vorgängen in dem erzählenden Jungen. — 2. Hauptteil

Kurze persönliche Stellungnahme; nur hier ist ein persönliches Urteil erlaubt. Eventuell Hinweis auf eine Besonderheit der Gestaltung. — 3. Schlusssatz

Dass der Verlust der Spielfamilie ein Abschied von der Kindheit und letztlich auch von den Eltern ist, wird in dem plötzlichen Wechsel von der Ichform zur distanzierten „Man"-Form im letzten Satz deutlich: Aus dem fantasievollen Kind wird ein Jugendlicher, der weiß, dass die Zeit des Spielens endgültig vorbei ist. — Beispiel

Einen Klappentext schreiben

Definition

> Ein Klappentext im Buchumschlag ist eine besondere Form der Inhaltsangabe. Er soll zum Lesen anregen, muss also werbewirksam sein.

Zweck und Ziel

Ein Klappentext wendet sich an einen *möglichen* Käufer, der ein Buch in die Hand nimmt und überlegt, ob er es kaufen soll. Er wird über den Inhalt informiert, darüber hinaus werden Erwartungen im Hinblick auf den Gesamttext geweckt: Ich muss das interessante Buch lesen!

Klappentexte im Alltag

Auf der vorderen und der hinteren Klappseite eines Buchumschlags stehen Texte im Umfang von etwa 30–40 Zeilen: vorn meist Aussagen zum Inhalt des Romans oder der Textsammlung, hinten Angaben zum Autor und zu weiteren Werken. Die Verbindung von Information und Werbung wird also deutlich.

Klappentexte in der Schule

Die Aufgabe, einen Klappentext zu einem genau gelesenen Werk zu verfassen, verlangt, den Inhalt sehr knapp wiederzugeben, dabei das Interessanteste herauszustellen und werbewirksam zu schreiben. Man lernt, sich einen Leser vorzustellen und ihn mit dem eigenen Text für das Lesen zu gewinnen.

Überlegungen vor dem Schreiben

- Wie viel Platz habe ich zur Verfügung? Wie teile ich ihn ein?
- Auf welche inhaltlichen Schwerpunkte konzentriere ich mich?
- Wie gewinne ich den Leser für das Buch?

Hinweise zur Gestaltung

> - Einen spannenden ‚Aufhänger' suchen, von dem aus der gesamte Klappentext gestaltet wird.
> - Das Besondere des Themas zwar benennen, aber nur das Notwendigste des Inhalts preisgeben, denn der Leser soll gespannt bleiben.
> - Die Fantasie des künftigen Lesers mit Andeutungen anregen – Werbung ist erlaubt!
> - Aber: Keine falschen Akzente setzen oder Erwartungen fehlleiten.

Beispiel

Klappentext zum Roman ‚Sansibar oder der letzte Grund' von Alfred Andersch

Aufhänger
schlüssige Zusammenfassung
wichtige Personen

Spannungselemente

Hinweis auf besonderen Reiz

Rerik, ein kleiner, eigentlich unbedeutender Fischerort an der Ostsee, wird zum *entscheidenden Kristallisationspunkt menschlicher Schicksale im Dritten Reich.* Es wird sozusagen zum „Sansibar"; zunächst zum Wunschbild eines kleinen Jungen, der weg will aus Rerik, später zur Metapher für Flucht und Freiheit: für den Pfarrer im Widerstand, Helander, und seinen *Kampf auf Leben und Tod,* für den Fischer Knudsen, der Angst hat um seine geistig behinderte Frau, für den Kommunisten Gregor und seinen *Zweifel an der Partei* und für die Jüdin Judith, die über die Ostsee entkommen will. Verdichtet wird dieses spannende Geschehen in einer Figur, dem lesenden Klosterschüler von Ernst Barlach, die *vor den Nationalsozialisten gerettet werden soll.* Ungewöhnlich ist Anderschs Methode die einzelnen Kapitel des Romans aus der jeweiligen Sicht und in dem entsprechenden Sprachstil der einzelnen Personen zu gestalten – dadurch werden die seelischen Vorgänge anschaulich und verständlich. Rerik wird zu einem Ort persönlicher Auseinandersetzung mit der Vergangenheit.

Eine Rede oder Ansprache wird als längerer Gesprächsbeitrag zu einem bestimmten Anlass vor einer größeren Zahl von Zuhörern vorgetragen.	Definition

Zweck und Ziel

Der Redner versucht, die Zuhörer in seinem Sinn zu beeinflussen, er verfolgt eine Intention (Absicht). Die Erwartungen der Angesprochenen bezieht er direkt mit ein; er wird von seinem schriftlichen Redetext abweichen, wenn er spürt nicht ‚anzukommen' oder falsch verstanden zu werden.

Reden im Alltag

Politische Reden (z. B. Wahlreden, Parlamentsreden, Aufrufe, Regierungserklärungen), Gerichtsreden (Plädoyers von Staatsanwalt und Verteidiger) und Festreden sind Formen öffentlicher Rede.

Aufbau

1. Einleitung: z. B. Einführung in die Situation oder den Anlass, Einstimmung der Zuhörer.

2. Hauptteil: Entwicklung der thematischen Zusammenhänge und Gedanken möglichst in steigernder Form (s. Erörterung), immer in der Absicht die Aufmerksamkeit der Zuhörer zu erhalten.

3. Schluss: z. B. Zusammenfassen der Überlegungen in einleuchtenden Ergebnissen, Ausblick in die Zukunft, Betonen der Übereinstimmung mit den Zuhörern.

Beispiel

Begrüßungsrede des Schulsprechers für eine Gastklasse aus Frankreich, 14. 7. 90

Anrede: Liebe Freunde aus Frankreich, chèrs *amis européens!*

Besser können wir euren Nationalfeiertag gar nicht begehen als hier gemeinsam, deutsche und französische Schüler in Saarbrücken, und wir freuen uns, dass ihr gerade heute ins *europäische* Saarland gekommen seid! (Anspielung auf das Hauptanliegen)

Hauptteil: Der Schüleraustausch zwischen unseren Schulen ist seit Jahren eine gelungene gemeinsame Sache …

Steigerung: Unsere Sportveranstaltungen – ich erinnere hier vor allem an euren 3 : 0-Sieg über unsere Fußballmannschaft – haben uns allen viel Vergnügen bereitet […] Höhepunkt war zweifellos die gemeinsame Fahrt nach Verdun[1], wo wir gemeinsam gedacht, geredet und auch betroffen geschwiegen haben […]

Schluss: Wir hoffen, dass ihr euch in den nächsten Tagen bei uns so richtig zu Hause fühlt – mitten in *Europa!*

Hinweise zur Gestaltung

- Ohne lange Einleitung zum Thema kommen, die Zuhörer sogleich für das eigene Anliegen zu gewinnen suchen.
- Die Rede deutlich gliedern, damit die Zuhörer die gedanklichen Schwerpunkte erkennen.
- Eine dem Thema angemessene Sprache wählen, die Stilebene durchhalten.
- Keine verschachtelten, schwer verständlichen Sätze bilden.
- Einprägsame rhetorische Mittel verwenden, z. B. Wiederholung von Schlüsselbegriffen, gleicher Anfang von Sätzen (Anapher), damit der Inhalt sich einprägt, Gleichbau von Sätzen (Parallelismus), Appelle und Fragen.
- Anschaulich formulieren, z. B. in Bildern und Anspielungen.
- Die Zuhörer immer wieder direkt ansprechen und einbeziehen (Hoffen wir, dass …).

[1] Ort schwerer Kämpfe im Ersten Weltkrieg, etwa 500 000 Tote.

Gedichte schreiben

Ansätze

Ein Wort, ein Bild oder ein Musikstück können anregen die eigenen Vorstellungen dazu in ein ‚Gedicht' zu fassen. Spaß soll es machen!

Beispiel

Anregung durch ein Bild

Van Goghs Gemälde ‚Blauer Karren' liegt vor. Man notiert, was man sieht und woran man dabei denkt, ordnet dann das Material um das entscheidende Stichwort „Hochsommer" und hat schon ‚fast' ein Gedicht.

Himmel – weiß – blau
Feld – helles Gelb, mit etwas Rot und Blau getupft
ein Karren – mittendrin, ganz blau mit grünem Schatten – Hochsommer

Sprachspiele und Collagen

Sprachspiele und Collagen, d. h. ungewohnte Zusammensetzungen aus vorgefundenem Material, z. B. Buchstaben, Werbeslogans, Filmtiteln, Sprichwörtern, Redewendungen, führen zu überraschenden Ergebnissen. Ein Text aus Füllwörtern:

Also,
meiner Meinung nach
                        denke ich …
man müsste eigentlich und überhaupt …
also besser nicht …
oder eventuell doch …
würde ich mal sagen … vielleicht!

Umformungen und Verfremdungen

Man kann mit vorliegenden Texten respektlos umgehen, z. B. die Zeilen eines Gedichts auseinander schneiden und anders zusammensetzen oder einen allzu bekannten Stoff parodieren, eventuell im Jargon:

Beispiel

Jung Siegfried, blonder Supermann,
macht frech sich an die Kriemhild ran;
die – sonst ganz harmlos, nett und lieb –
protzt ungemein mit ihrem Typ,
was die Brunhilde ätzend fand,
da sie nun dämlich draußen stand.
Sie macht – genervt durch Kriemhilds Spott –
mit J. R. Hagen ein Komplott usw. usw.

‚Dichten' mit formalen Vorgaben

Ein besonderer Reiz kann auch darin liegen, eine bestimmte Form auszufüllen, z. B. ein Sonett oder ein Rondel zu schreiben. Man kann auch einen Prosatext aufteilen und in ‚Gedichtzeilen' untereinander setzen. Es erweist sich dabei: Form ist nichts Willkürliches, formale und inhaltliche Gestaltung bedingen sich.

Hinweise zur Gestaltung

- Themen wählen, zu denen man selbst etwas sagen kann.
- Auf Klischees, übertriebenes Gefühl (Pathos), Sentimentalität verzichten.
- Zu große Themen und zu komplizierte Formen meiden.
- Eine eigene, überzeugende Sprache suchen, aber nicht krampfhaft nach ‚Originalität' streben, denn sonst könnte unfreiwillige Komik entstehen.
- Die eigenen Einfälle nicht breitwalzen, denn:

  Wer was zu sagen hat,
  hat keine Eile.
  Er lässt sich Zeit und sagt's
  in einer Zeile. (Erich Kästner: Präzision)

In Gedichten werden Aussagen in poetischer Bildsprache ‚verdichtet' in einprägsamer Gestalt konzentriert. Gedichte gehören zur Gattung ‚Lyrik'.

Definition

LYRIK
das Nichtwort

ausgespannt
zwischen

Wort und Wort

Im ‚Definitionsgedicht' Hilde Domins (geb. 1912) wird deutlich, dass bei lyrischen ‚Texten' gerade das, was unausgesprochen zwischen den Zeilen steht, die Andeutung, vom Leser ‚entschlüsselt', dechiffriert werden muss. Gedichte sind nämlich oft ein Versuch, Gefühle, Gedanken, Erfahrungen und Beobachtungen auszudrücken, die in Worten nicht voll erfasst werden können.

‚Definition' einer Schriftstellerin

Der Begriff ‚Lyrik' geht zurück auf das altgriechische Wort ‚Lyra' (Leier), ein Saiteninstrument, auf dem sich schon der sagenumwobene Sänger Orpheus zu seinen Liedern begleitet hat.
Urform des Gedichts ist das einstrophige Lied. Mit gemeinsamen Gesängen – als Preis und Lob oder als Klage – wandte man sich an die Götter. Die Bewegung, der Rhythmus, geht auf solche kultischen Gesänge zurück; er findet sich wieder in der antiken Chorlyrik und in der persönlichen Lyrik.

Herkunft des Begriffs ‚Lyrik'

Die Herkunft aus Musik und Tanz zeigt sich noch heute in Form und Struktur: Man spricht von der äußeren Kompositionsfigur (z. B. Versmaß, Rhythmus, Reim) und der inneren (z. B. Bilder, Steigerungen, ‚Schlüsselbegriffe'). *Versmaß* und *Rhythmus* erzeugen eine besondere ‚Bewegung', *Reime* vermitteln Klangfiguren.
Melodie und *Klang* beruhen auf klingenden oder stumpfen Endungen (Kadenzen), hellen oder dunklen Vokalen, hart oder weich klingenden Reimwörtern, schreitendem oder beschwingtem Versmaß (Metrum), einprägsamen Refrains. In der Gegenwartslyrik ist die Anordnung der einzelnen Textteile oft wichtiges Gestaltungsmittel (s. Hilde Domins Gedicht).

Melodie
Klang
Rhythmus
Druckbild

Formen, Motive und sprachliche Bilder haben eine jahrtausendealte Tradition: Preis- und Festgesänge (Oden und Hymnen) finden sich in der Bibel (in den Psalmen Davids) und in der antiken griechischen Dichtung. Das Sonett stammt aus der italienischen Renaissance und wurde im Barock (17. Jh.) weiterentwickelt, die Volksliedstrophe ist ein Kennzeichen romantischer Lyrik (Beginn des 19. Jh.s). Metaphern und Bilder für Natur und Liebe finden sich in der Bibel (Psalmen, Hohes Lied Salomons, Apokalypse) und in antiken Epen (Homer) sowie in Gedichten der griechischen Lyrikerin Sappho. Auf jüdische Literatur gehen z. B. Zahlen- und Buchstabensymbole zurück.

Geschichte der Formen und Motive

Sprache und Themen der Gedichte entwickeln sich ständig. Aus dem ursprünglich vorgetragenen, also mit dem Ohr aufgenommenen Gedicht ist heute ein oft nur im Lesen, also visuell erlebtes Gedicht geworden. Der Zerrissenheit einer Zeit, sich überschlagenden Eindrücken der Sinne entsprechen Collagen von Gegensätzlichem und Unvollständigem, Verzerrungen (Grotesken). Daneben stehen Konzentration und Beschränkung. Gefühle werden oft nur indirekt geäußert (s. Hilde Domins Gedicht). Vor dem Grauen der Zeit versagen ‚schöne' Sprache und vertraute Bilder; Fremdheit und Ratlosigkeit äußern sich in eigenwilligen Bildern und Verschlüsselungen (Chiffren).

Gedichte in der Gegenwart

Gedichte untersuchen

Entstehen eines Gedichts

Gedichte werden nicht in einem Zug ‚heruntergeschrieben', sondern handwerklich ‚gemacht', oft zigmal überarbeitet und ‚geschliffen'. Die besondere Struktur gilt es zu erfassen.

Analyse und Interpretation

Im Untersuchen der Gestaltung, in der *Analyse*, erkennt man die sprachlichen Mittel: Das auffälligste Merkmal, das dem Leser einen ersten Eindruck vom gesamten Text vermittelt, und Weiteres, das beim genauen Beobachten deutlich wird. Auf das Auseinanderfalten folgen Zusammenschau und Deutung, die *Interpretation.*

Leitfragen zur Analyse von Gedichten

1. Worum scheint es im Gedicht auf den ersten Blick zu gehen? (Die Arbeits- oder Untersuchungshypothese leitet die weitere Untersuchung.)
2. In welcher Situation befindet sich der Sprecher im Gedicht, das lyrische Ich?
3. Welche formalen Gestaltungsmittel fallen auf? (z. B. Strophenform, Metrum, Reim, optische Besonderheiten.)
4. Wie ist die innere Kompositionsfigur? (z. B. Rahmung des Gedichts durch gleich lautende Verszeilen, Bewegungs- und Entwicklungsverlauf von Strophe zu Strophe, Steigerungen, Brüche.)
5. Tritt ein Motiv deutlich hervor?
6. Welche sprachlichen Mittel fallen auf? Welche Wirkung haben sie? (z. B. Verben der Bewegung, Adjektive, sprachliche Bilder, Schlüsselwörter.)
7. Welche Bedeutung erhalten die Überschrift, die erste und letzte Zeile?
8. Was ist wohl die Aussageabsicht des Autors?
9. Spiegelt das Gedicht typische Züge seiner Entstehungszeit?

Mögliches Arbeitsprogramm als Vorarbeit

1. Gründliches Lesen, um gleich einen intensiven Eindruck zu gewinnen; möglichst auch den Klang beim lauten Lesen erfassen.
2. Alles Auffällige zu Inhalt und Gestaltung notieren. Wichtige, auffällige Stellen im Text unterstreichen. Den Inhalt der Strophen zusammenfassen. Zentrale Bilder und Bezüge im Text kennzeichnen. Das Reimschema eintragen. Spontane Einfälle und Fragen aufschreiben.

Beispiel

Eduard Mörike: September-Morgen

	x x́ x x́ x x́ x x́		
Liedstrophe	Im Nebel ruhet noch die Welt,	a	harte Kadenz
volksliedhaft	noch träumen Wald und Wiesen:	b	weiche Kadenz
einfach	**Bald siehst du,** wenn der Schleier fällt,	a	harte Kadenz
regelmäßiger	den blauen Himmel unverstellt,	a	harte Kadenz
vierhebiger	**herbstkräftig** die gedämpfte Welt	a	harte Kadenz
Jambus	in warmem Golde fließen.	b	weiche Kadenz

ruhen → fließen → Nebel → fallender Schleier → warmes Gold noch → bald
Alliterationen (Welt, Wald, Wiesen, warm), weiche Konsonanten.
Zentrale Stelle: Bald siehst du – Hoffnung, Versprechen.
Das Bild des Herbstes tritt aus dem Nebel in warmem Gold hervor.
Von der Ruhe zur sanften, fließenden Bewegung.

1. Formulieren einer Arbeitshypothese als Grundlage für die weitere Arbeit: Möglichst in einem Satz zusammenfassen, worum es im Gedicht geht.
   Beispiel: In diesem Gedicht von Mörike wird ein herbstlicher Morgen als farbenprächtiges Bild dargestellt, das sich langsam enthüllt.
2. Schrittweise und in ständigem Bezug zueinander erarbeiten:
   Die *äußere Bauform* des Textes (Strophen- und Verszahl), Reimschema, Metrum, Rhythmus) und die *innere Kompositionsfigur* (inhaltliche Entwicklung von Strophe zu Strophe, Steigerung, Brüche) sowie deren sprachliche Gestaltung (Schlüsselwörter, durchgehende Metaphern, Klang der Vokale und Konsonanten, Satzbau ...). Nicht einzelne Merkmale aufzählen, sondern mit eigenen Worten die inhaltliche Entwicklung beschreiben, die sich aus der Gestaltung ergibt.

Gang der Untersuchung
1. Arbeitshypothese formulieren
2. Die Kompositionsfigur des Gedichts beschreiben

In einer geschlossenen Strophe ist dieses Bild gefasst. Eine innere Dreiteilung und eine Entwicklung von der Ruhe des Morgens zur fließenden Bewegung des Tages lassen sich beobachten: Die beiden ersten Verse mit den Verben „ruhen" und „träumen" lassen an eine schlafende Welt denken; die zweifache Wiederholung von „noch" kündigt aber das baldige Ende dieses Zustands an, ebenso der Doppelpunkt. Die vier weiteren Verse enthüllen dann schrittweise – ausgehend von dem entscheidenden Satz „Bald siehst du", der als sichere Aussage über die Zukunft im Indikativ formuliert ist – das farbenprächtige blau-goldene Bild des Herbstes. Die sanfte Bewegung scheint ins Unendliche zu „fließen". Ein Enjambement unterstützt die letzte, weiche Kadenz.

Beispiel: Möricke: Septembermorgen

- Welche Besonderheit zeigt die Gedichtüberschrift, der Titel?
- Weist die Strophenzahl auf die innere Struktur hin (z. B. Mitte des Gedichts, Steigerung, auffällige Schlussstrophe, Einschnitte, Zweiteilung)?
- Welche Wirkung haben Metrum und Rhythmus (einfach, getragen, treibend, ruhig, stark wechselnd und dadurch unruhig, gleichmäßig)?
- Welche Reimwörter sind besonders wichtig – für den Klang, für die Bilder?
- Wie ist die Klangwirkung des Gedichts (überwiegend weiche Endungen, weiche Konsonanten oder harte Endungen; helle oder dunkle Vokale)?
- Gibt es zentrale Bilder, ungewöhnliche Metaphern, Wiederholungen?
- Gibt es einen Wechsel, z. B. im Satzbau, im Gebrauch der Zeitformen?

Hinweise zum Beobachten der Gestaltung

- Die mögliche Aussageabsicht des Autors zusammenfassend formulieren.
- Eventuell mit eigener Wertung schließen: Wie gefällt mir das Gedicht?

3. Einen Schluss formulieren

Zeitform:	Präsens
Stil:	Sachlich schreiben, Behauptungen mit Textstellen belegen. Einzelbeobachtungen mit Oberbegriffen zusammenfassen. Beim Deuten Vermutungen so kennzeichnen: offenbar ..., könnte wohl ..., vielleicht ... Nicht gewaltsam deuten. Einzelne Beobachtungen so miteinander verbinden, dass sich zeigt, wie der Schreiber das Gedicht verstanden hat.
Zu beachten:	Der Sprecher im Gedicht ist nicht der Autor selbst. Nicht Mörike spricht, sondern ein Ich, das der Autor sprechen und empfinden lässt.

Hinweise zur sprachlichen Gestaltung einer Gedichtuntersuchung

Gedichte vergleichen

Sinn eines Gedichtvergleichs

Wer Gedichte mit gleichen Themen oder ähnlichen Motiven vergleicht, gewinnt ein genaueres Textverständnis, weil die Eigenart eines Gedichts im Gegensatz zu dem anderen deutlich hervortritt. Er sieht auch, wie sich Auffassungen des Themas und Arten der Gestaltung im Laufe der Zeit wandeln.

Gedichtvergleiche in der Schule

Im Aufsatz werden Gedichte eines Autors aus unterschiedlichen Zeiten seines Schaffens verglichen oder Gedichte unterschiedlicher Autoren, die entweder zu annähernd gleicher Zeit oder – als Kontrast – in weit auseinander liegenden Zeiten gelebt haben.

Mögliche Arbeitsweisen

1. Schwerpunktvergleich

Schon aus Zeitgründen ist es nur selten möglich, im Aufsatz zwei Gedichte nacheinander in gleicher Ausführlichkeit zu analysieren. Deshalb wird *ein* Gedicht sehr gründlich erarbeitet und dann unter zentralen Aspekten, die sich bei dieser Arbeit herausgeschält haben, der Vergleich zum zweiten Text gezogen. Der Schwerpunkt des Vergleichs muss als Überleitung zum Schluss der Arbeit am ersten Gedicht klar formuliert werden. Die Beobachtungen am zweiten Text beschreibt man dann gleich als Gegensatz zum ersten, z. B. die andere Einstellung zum Thema, die andere Bauform, die unterschiedliche sprachliche Gestaltung.

Beispielthema: Vergleich Eduard Mörike (1804–1875): September-Morgen (1827) und Ingeborg Bachmann (1926–1973): Die große Fracht (1964).

Einzelbeobachtungen und Vergleichsansätze

Ingeborg Bachmann: Die große Fracht

Die große Fracht des Sommers ist verladen,	a weiche Kadenz	
das Sonnenschiff im Hafen liegt bereit,	b harte Kadenz	Metapher
wenn hinter dir die Möwe stürzt und schreit.	b harte Kadenz	Rondel
Die große Fracht des Sommers ist verladen.	a weiche Kadenz	
Das Sonnenschiff im Hafen liegt bereit,		
und auf die Lippen der Galionsfiguren		
tritt unverhüllt das Lächeln der Lemuren.	Anblick des Todes	
Das Sonnenschiff im Hafen liegt bereit.	(dagegen Mörike: des Schönen)	
Wenn hinter dir die Möwe stürzt und schreit,		
kommt aus dem Westen der Befehl zu sinken;		
doch offnen Augs wirst du im Licht ertrinken,	metaphorische Umschreibung	
wenn hinter dir die Möwe stürzt und schreit.	des Sonnenuntergangs	

direkte Anrede; Alliterationen; Metapher: Hafen – Schiff (Tod)

Einleitungssatz zum Gedichtvergleich

Im Einleitungssatz sollten beide Gedichttitel mit den Autoren und dem Hauptthema genannt werden, eventuell gleich mit einer auffälligen Unterscheidung.

Beispiel

Die Gedichte ‚September-Morgen' von Eduard Mörike und ‚Die große Fracht' von Ingeborg Bachmann sind Naturgedichte und haben den beginnenden Herbst zum Thema. Zwischen der Entstehungszeit beider Texte liegen mehr als 100 Jahre; daher ist von Unterschieden in der Gestaltung und der Auffassung des Themas auszugehen.

Überleitung

Bei der Überleitung zum Vergleichstext sollte dieser – wie im Beispiel auf Seite 33 – sofort mit einer besonders augenfälligen Unterscheidung, hier der Form, gegenübergestellt werden.

Vergleich Mörike – Bachmann

(Nach der gründlichen Untersuchung von Mörike: ‚September-Morgen‘:) Im Gegensatz zur schlichten einstrophigen Form des Mörike-Gedichts, das ein geschlossenes Herbstbild zeigt, verwendet Bachmann die kunstvolle Form des Rondels. Durch fast beschwörende Wiederholungen wirkt dieser Text feierlich und schwermütig. Im Unterschied zur Bewegung vom hellen, schönen Aufbruch am Morgen zur Wärme des Tages bei Mörike herrschen hier Bilder der Abschiedsstimmung vor: „Die große Fracht … ist verladen“, „das Sonnenschiff … liegt bereit“. Die Metapher „Sonnenschiff“ lässt an Totenschiff und letzte Fahrt denken. Dieser Eindruck wird gestützt durch die Benennung der Totengeister (Lemuren) und durch die Verben stürzen, schreien, sinken, ertrinken. Es geht um einen melancholischen Abschied vom Sommer, beschworen in einem Bild der Vergänglichkeit.
Gemeinsam ist beiden Gedichten das innere Zwiegespräch, die direkte Anrede eines Du …

2. Parallele Arbeit an zwei Gedichten

Kürzere Gedichte können unter jeweils gleichem Gesichtspunkt direkt miteinander verglichen werden.

August Stramm: Patrouille
Die Steine feinden
Fenster grinst Verrat
Äste würgen
berge Sträucher blättern raschlig
gellen
Tod.

(1915/16)

Bertolt Brecht
AUF DER MAUER STAND MIT KREIDE:
Sie wollen den Krieg.
Der es geschrieben hat
Ist schon gefallen.

(Zwischen 1933 und 1938)

Thema
Bauform

… In beiden Gedichten geht es offenbar um die Schrecken des Krieges. Beide Autoren wählen eine prägnante Kurzform, die nicht an traditionelle Gedichtformen erinnert.

Sprachgestalt bei Stramm

August Stramm skizziert in sechs Zeilenfetzen, die ohne erkennbares Metrum, ohne übliche Syntax und Zeichensetzung wie Aufschreie wirken und auf das Schlüsselwort „Tod“ hinführen, die Angst eines Soldaten auf dem Erkundungsgang (der Patrouille) im feindlichen Gebiet vor dem überall lauernden Feind. Der Schock spricht aus der veränderten Sprache: „Fenster“, „Steine“ und „Äste“ werden zur Personifizierung des Gegners, zusammengefasst im ‚neuen‘ Verb „feinden“.

Sprachgestalt bei Brecht

Brecht hingegen erzeugt in ebenfalls frei gestalteten vier Zeilen eine Schockwirkung durch die logisch-nüchterne Schlussfolgerung, die aus der Konfrontation zweier absurder Situationen entsteht: „Sie wollen den Krieg“ – er „Ist schon gefallen“. Die Zweiteilung weist auf Ursache und Folge: Kriegswunsch → Tod für jedermann. Brecht schockiert nicht durch eine verfremdete Sprache, sondern durch ein Hinstellen von Tatsachen in knapper, nüchterner Alltagssprache.

Ergebnis des Vergleichs

Während Stramms Leser das Leiden direkt miterlebt, soll Brechts Leser eine Erkenntnis gewinnen und den Schluss ziehen: Krieg muss verhindert werden.

Kurzgeschichten untersuchen

Definition

> Die Kurzgeschichte ist eine knappe, meist auf eine kurze Zeitspanne und auf einen Ort begrenzte Erzählung. Schlaglichtartig wie in einem Filmausschnitt wird ein entscheidender Augenblick, eine wesentliche Situation im Leben eines Menschen beleuchtet.

Entstehung der Kurzgeschichte

Die Form der Kurzgeschichte entstand in den USA. Kurzgeschichten erschienen in Zeitungen als ‚short stories'. Ein bedeutender Vertreter dieser Gattung war Ernest Hemingway. In Deutschland wurden zumeist nach 1945 Kurzgeschichten geschrieben. Schriftsteller nutzten die Möglichkeit, in sehr knapper, konzentrierter Form eindringliche Lebensmomente zu gestalten bis hin zur dichtesten Form, der Parabel.
Autoren wie Heinrich Böll, Wolfgang Borchert, Elisabeth Langgässer und Wolfdietrich Schnurre schrieben ohne Pathos und klopften jedes Wort ihrer „Trümmersprache" auf falsche Sentimentalität oder Unaufrichtigkeit ab.

Merkmale einer Kurzgeschichte

Merkmale einer Kurzgeschichte sind:
- Gestaltung entscheidender Probleme, Begegnungen und Erfahrungen.
- Fast immer ein geradliniger, linearer Aufbau. Der Höhe- oder Wendepunkt fällt meist mit dem Schluss der Geschichte zusammen.
- Kurzer erzählter Zeitraum (ein halber Tag, wenige Minuten); auf den Augenblick hin komponiert.
- Beschränkung auf wenige Personen, die oft anonym bleiben. Der Leser stattet diese Typen in seiner Fantasie mit persönlichen Zügen aus.
- Offener Anfang: Der Leser wird ohne Einleitung direkt in ein laufendes Geschehen versetzt.
- Häufig offener Schluss: Der Leser erhält keine abschließende Lösung. Er muss über das Problem und über mögliche Folgen weiter nachdenken.
- Wenig äußere Handlung. Einfache Erzählweise, einfache Sprache. Der Leser soll ‚zwischen den Zeilen' lesen.
- Leitmotive und Bilder (Metaphern) bestimmen die Kurzgeschichte. Häufig spielt ein metaphorischer Bereich (Wasser, Farben) eine besondere Rolle; ein besonderer Gegenstand, ein Schlüsselwort, besondere Farben lenken die Aufmerksamkeit des Lesers.

Kurzgeschichten im Unterricht
Vorarbeit

Für die Untersuchung gelten ähnliche Arbeitsschritte wie beim Untersuchen von Gedichten und ähnliche Leitfragen wie beim Roman.
- Gründliches, mehrfaches Lesen der Geschichte.
- Kennzeichnen aller wichtigen Textstellen.
- Randnotizen, um Auffälliges oder eigene Gedanken zum Text festzuhalten.

Arbeitsprogramm
Arbeitshypothese

1. Formulieren einer Arbeitshypothese, einer knappen Zusammenfassung dessen, worum es im Text offenbar geht. Einzelheiten werden hier nicht erfasst, nur das Thema oder das Hauptproblem.

Beispiel: In der Kurzgeschichte ‚Saisonbeginn' von Elisabeth Langgässer wird das Aufstellen eines Schildes mit der Aufschrift „In diesem Kurort sind Juden unerwünscht" zum Zeichen für den Beginn der unmenschlichen Judenverfolgung, eine Art zweiter Kreuzigung.

2. Eventuell eine kurze Inhaltsangabe, in der die wichtigsten Stationen des Handlungsablaufs festgehalten werden.
3. Untersuchen des Textes unter Leitfragen, z. B.:
   - Von wem erfahren wir die Geschichte?
     Gibt es einen Icherzähler? Dann wirkt das Erzählte sehr direkt. Der Icherzähler ist aber nicht der Schriftsteller selbst!
     Erzählt jemand, der alles überschaut, aus größerem Abstand? Dann handelt es sich um einen ‚allwissenden Erzähler', der erklärt und kommentiert. Oder erzählt ein ‚personaler Erzähler' aus der Sicht *einer* Person?
   - Wie ist der Text aufgebaut?
     Es geht um die inhaltliche Struktur: Stationen des Geschehens, Spannungsmomente, zentrale Textstellen, Höhe- und Wendepunkte.
   - Wo und wann spielt die Geschichte? (Ort, Jahreszeit, Tageszeit)
   - Welche Personen sind beteiligt?
     Beschreibung und Charakterisierung der Personen, deren Beziehungen.
   - Wie ist der Text sprachlich gestaltet?
     Zeitform, Satzbau, Wortschatz, besondere Metaphern und Motive, Schlüsselsatz, Leitmotiv, zentrale Aussagen, Erzählhaltung.
   - Was erfährt der Leser schon im Titel über den Text?
   - Wie verhalten sich Anfangs- und Schlusssatz zueinander?
4. Zusammenfassen der Untersuchungsergebnisse und Versuch einer Deutung (Interpretation) mit Blick auf die Arbeitshypothese: Wie ist sie zu vervollständigen, eventuell zu verändern? Eventuell eigene Stellungnahme.

Inhaltsangabe

Hauptteil: Untersuchen der Gestaltung unter Leitfragen

Zusammenfassen im Schlussteil

Zur Analyse der Kurzgeschichte ‚Saisonbeginn' von Elisabeth Langgässer
In dieser Kurzgeschichte zeigt E. Langgässer am Beispiel einer scheinbaren Kurortidylle den Beginn der Judenverfolgung im Dritten Reich.
In einem Ort in den Bergen, der sich im Frühjahr auf den Ansturm der Touristen vorbereitet, stellen drei Arbeiter ein Schild auf, dessen Aufschrift erst im letzten Satz benannt wird: „In diesem Kurort sind Juden unerwünscht". Das genaue Planen des Standortes – gegenüber einem Wegekreuz mit Christusfigur – und die Reaktionen der Vorübergehenden machen deutlich, dass man die Ausgrenzung von Mitmenschen hinnimmt. In der Gegenüberstellung von Christuskreuz und „Judenschild" am Schluss wird die Anklage bildhaft.
Der direkte Beginn benennt die Arbeiter, den Pfosten und das entscheidende Schild. Erst am Schluss, wenn die Arbeiter ihr Werk „befriedigt" betrachten, wird als makabre Pointe die Aufschrift und damit der Sinn des Schildes enthüllt. Schlagartig zeigt sich die politische Dimension der Erzählung: Sie spielt im Dritten Reich und ihr Titel: ‚Saisonbeginn' gewinnt eine furchtbare Doppelbedeutung. Was vordergründig als Beginn der Touristensaison erschien, erweist sich als Beginn der Jagd auf Juden. Zwischen dieser gedanklichen Klammer von ‚Rätsel' und ‚Lösung', die den Leser in Spannung hält, entwickelt die Autorin in mehreren Schritten das vom Ende her gesehen groteske Bild einer scheinbar heilen Welt mit netten, gedankenlosen Menschen. Die üppige, frühlingshafte Natur („Überall standen die Wiesen wieder in Saft und Kraft") und die frisch gestrichenen Fensterläden vermitteln den Eindruck von Sauberkeit und froher Erwartung. Einen ersten, beiläufigen Hinweis auf die Bedrohung gibt die Erwähnung des Christuskreuzes und seiner Inschrift I.N.R.J., die sich am Schluss als „Richtspruch auf einer Tafel" liest …

Beispiel
Arbeitshypothese
kurze Inhaltsangabe

Beobachtungen zum Aufbau, zur sprachlichen Gestaltung, zu Anfang und Ende, zum Titel

Definition

> Die Novelle ist eine Erzählung in der eine ungewöhnliche Begebenheit, ein spannendes Ereignis ‚dramatisch' gestaltet wird.

Merkmale der Novelle

- Die Form ist geschlossen, sie hat eine Einführung und einen Abschluss.
- Die Handlung verläuft zielgerichtet auf eine Lösung oder Katastrophe zu.
- Dargestellt wird eine schicksalhafte Entwicklung zum entscheidenden Ereignis hin (also nicht nur ein Ausschnitt wie in der Kurzgeschichte), aber konzentriert auf einen einzigen Konflikt.
- Im Zentrum steht die „sich ereignete, unerhörte Begebenheit" (Goethe), z. B. der schreckliche Mord in ‚Bahnwärter Thiel' von Gerhart Hauptmann.
- Das Geschehen wird konzentriert in einem besonderen Bild, einem Leitmotiv oder einer sich wiederholenden, bedeutungsvollen Situation. Nach einer Novelle des italienischen Dichters Boccaccio (14. Jh.) heißt dieses Dingsymbol „Falke" (er verkörpert dort eine Liebesbeziehung). In Droste-Hülshoffs ‚Judenbuche' ist der Baum Leitmotiv, in Hauptmanns ‚Bahnwärter Thiel' sind es die Eisenbahnschienen und das Brausen der nahenden Züge.
- Häufig wird das Geschehen in eine Rahmenhandlung eingelagert.

Novellen in der schriftlichen Arbeit der Schule

Für die Untersuchung von Novellen gelten ähnliche Grundsätze und Arbeitsschritte wie für die Kurzgeschichte, aber mit neuen Schwerpunkten:

1. Da die Handlung zielgerichtet auf das Ende hinführt, interessieren die Stationen der Entwicklung. Äußere und innere Handlung müssen unterschieden werden. Ein unbedeutendes Ereignis kann schicksalhafte Folgen haben wie der Satz „… die Juden sind alle Schelme" (Judenbuche).
2. Da das Geschehen meist spannend ist, gilt es, eine Spannungskurve mit den Höhepunkten der Entwicklung zu zeichnen. Hier werden die innere und die äußere Handlung notiert. Die Novelle kann mehrere Vorhöhepunkte haben, aber nur einen Wendepunkt, an dem das Geschehen sich radikal umkehrt und zur Katastrophe oder Lösung führt.
   Das langsame Ansteigen der Spannung über mehrere Stationen, der Wendepunkt und der jähe Abfall kennzeichnen die Spannungskurve.
3. Weil in der Novelle die Entwicklung eines Menschen über längere Zeiträume hin gezeigt wird, sind die Personen immer individuell gezeichnet, nicht anonym oder skizzenhaft wie in der Kurzgeschichte. In der schriftlichen Arbeit über die Novelle steht daher die Charakterisierung der Hauptpersonen und ihrer Beziehung zueinander im Mittelpunkt.

Beispiel: Der Bahnwärter Thiel in Hauptmanns gleichnamiger Novelle ist ein schlichter, gewissenhafter Mensch. In dem regelmäßigen Dienst an den Bahngleisen sieht er den Inhalt seines Lebens. Der Verlust der ersten Frau, die in der Erinnerung zum Sinnbild seiner heilen Welt wird, die sexuelle Abhängigkeit von der herrschsüchtigen zweiten Frau und deren Schuld am Unfalltod seines geliebten Sohnes lassen ihn zum rasenden Mörder werden.

4. Wird das Leitmotiv auf seine Bedeutung hin untersucht, muss genau im Text verfolgt werden, in welcher Situation es jeweils auftaucht oder beschrieben wird. Meist sind es Schlüsselstellen der Novelle, an denen sich die Ereignisse verdichten. In Heinrich von Kleists Novelle ‚Das Bettelweib von Locarno' wird die mehrmals wiederkehrende Spukgestalt in dieser Weise betrachtet.

Spannungskurve zu Annette von Droste-Hülshoffs Novelle ,Die Judenbuche'

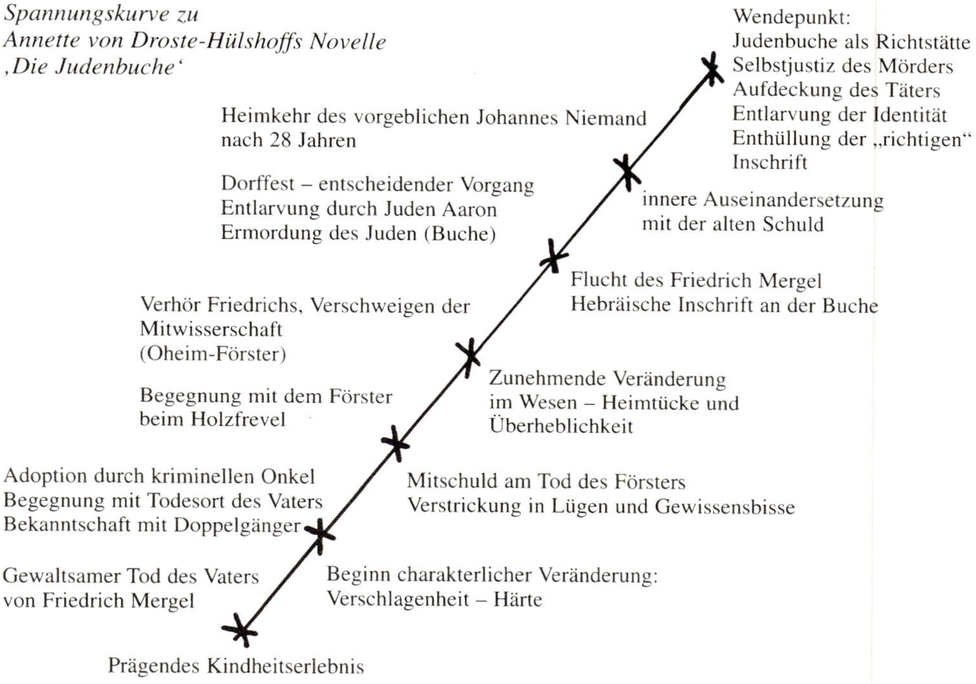

Als strukturierende Elemente durchziehen die Novelle die von irdischer Gerichtsbarkeit unaufgeklärten Verbrechen: Tod des alten Mergel, Holzfrevel, Tod des Försters Brandis, ungeklärte Herkunft des Johannes Niemand, Tod des Juden Aaron. Eine höhere Gerechtigkeit ist daher gefordert. Äußere Spannung erzeugen die Spukgeschichten um Brederholz und Judenbuche.

5. Auch die Beziehung zwischen Rahmenhandlung und Hauptgeschehen kann untersucht werden. Dann zeigt sich, ob das, was ,damals', also in der Haupthandlung, geschehen ist, für die Menschen der Rahmenhandlung noch eine Bedeutung hat.
6. Weil der Schluss einer Novelle üblicherweise die Handlung konzentriert und auflöst, gelten in der schriftlichen Arbeit folgende Fragen an ihn:
   - Wie verdichten sich die bisherigen Ereignisse? Wodurch wird die Katastrophe ausgelöst?
   - Wie beschreibt der Autor die Spannung in den entscheidenden Minuten?
   - Welche Rolle spielen die Umstände in diesem Augenblick (Natur, Leitmotiv, Menschen, Auflösung eines Rätsels – ,Die Judenbuche')?

Beispiel: In der ,Judenbuche' entspricht die Zeile „Lass ruhn den Stein – er trifft dein eignes Haupt!" im vorangestellten Motto der am Schluss übersetzten hebräischen Inschrift: „Wenn du dich diesem Ort nahest, so wird es dir ergehen, wie du mir getan hast." Ein Rahmen entsteht.

Romane untersuchen

Definition

Ein Roman entwirft vielschichtige Bilder von Menschenschicksalen in ihrem geschichtlichen Umfeld.

Begriff und Geschichte

Der Roman als umfangreicher Prosatext wurde im 17. Jh. entwickelt (s. Grimmelshausen: ‚Der abenteuerliche Simplizissimus'). Die Bezeichnung leitet sich her von der „lingua romana", der Volkssprache (im Unterschied zur lateinischen Gelehrtensprache). Romane wurden zur Unterhaltung geschrieben. Seit dem 19. Jahrhundert sind Romane weit verbreitet (z. B. Goethe: ‚Wilhelm Meister', Gottfried Keller: ‚Der grüne Heinrich', Alfred Andersch: ‚Sansibar oder der letzte Grund', Heinrich Böll: ‚Ansichten eines Clowns').

Typische Bauelemente eines Romans

Im Zentrum einer Romanhandlung stehen meist Einzelpersonen und ihr persönliches Schicksal vor dem Hintergrund einer bestimmten Zeit, bestimmter gesellschaftlicher Umstände, aber auch Gruppen von Menschen, die einen wichtigen Lebensabschnitt gemeinsam erleben. Immer geht es um Wirklichkeitserfahrung in entscheidenden Situationen, die in ihrer Vielfalt dargestellt werden.
Strukturierende Elemente sind:

Personen
Ort, Zeit
Handlung
Erzählperspektive
Leitmotive

- *Personen:* ihre Situation, ihre Beziehungen, ihre Probleme
- *Raum* und *Zeit:* d. h. Ort des Geschehens und Zeitraum, in dem alles spielt
- erzählte *Handlung* mit ihren Verdichtungs- und Höhepunkten.
- *Erzählperspektive* (s. Begriffserklärungen), z. B. vermittelt ein ‚*Icherzähler*' das Geschehen als persönlich, subjektiv erlebt, oder gibt ein ‚*allwissender*' *Erzähler* einen souveränen Überblick über inneres und äußeres Geschehen, oder erzählt ein ‚*personaler Erzähler*' ganz aus der Sicht einer Figur heraus.
- *Leitmotive* oder *zentrale Symbole* als Verdichtungen eines Geschehens, z. B. die Skulptur des lesenden Klosterschülers bei Andersch (‚Sansibar …')

Mögliche Aufsatzthemen

Aufsatzthemen orientieren sich an den zentralen Bauelementen, z. B.:
1. Entwicklung von Personen, Beziehungen, Problemen der Handlung
2. Bedeutung zentraler Textstellen, z. B. entscheidender Gespräche
3. Bedeutung zentraler Motive
4. Bedeutung eines Ortes oder Zeitraums für das Geschehen
5. Bedeutung des Titels oder Beziehung zwischen Anfang und Schluss
6. Charakterisierung der Hauptpersonen

Charakterisierung einer literarischen Figur

Eine Charakterisierung beschreibt Wesen, Eigenschaften, Verhaltensweisen, Entwicklungen einer Figur, z. B. des Exkommunisten Gregor bei Andersch. Sie orientiert sich einmal an Angaben, die dem Text direkt zu entnehmen sind, zum Beispiel weil sie durch andere Personen über diese Figur gemacht werden, zum anderen an Schlussfolgerungen, die sich aus Verhalten und Äußerungen der Figur ergeben. Diese Folgerungen müssen mit Textstellen belegt werden.

Lesen mit dem Bleistift

Schon beim ersten Lesen sollte man wichtige Textstellen anstreichen oder mit Seitenangabe auf einem Zettel notieren (kurzes Stichwort, z. B. S. 137: wichtiges Zusammentreffen von Judith und Gregor).

Mögliches Arbeitsprogramm Leitfragen zum Text

1. Welche *Personen* stehen im Zentrum? Wie sind ihre Beziehungen? Wie lassen sie sich charakterisieren? Welche Probleme haben sie? Machen sie Entwicklungen durch?
2. Über welche entscheidenden Stationen läuft die *Handlung?* Gibt es Nebenstränge der Handlung? Welche Bedeutung haben sie? Wo sind zentrale Stellen, Höhe- oder Wendepunkte?
3. An welchen *Orten* spielt das Geschehen? In welchem Bedeutungszusammenhang stehen sie zu Thema und Hauptgeschehen? Konzentriert sich das Geschehen auf einen Ort oder gibt es häufig Ortswechsel?
4. Welchen *Zeitraum* umspannt das Geschehen? Lässt er sich in Bedeutungsabschnitte unterteilen? Wird Zeit übersprungen, gerafft oder gedehnt? Konzentriert sich das Geschehen auf eine entscheidende Zeitspanne?
5. Aus welcher *Erzählperspektive* wird erzählt (s. Begriffserklärungen)?
6. Wie ist die *Gesamtkomposition* des Romans? (Zum Überblick kann eine Strukturskizze verhelfen.) Hängen Anfang und Schluss zusammen, gibt es einen Mittelpunkt der inneren oder äußeren Handlung? Gibt es strukturierende Motive oder bedeutsame Situationen? Kapitelüberschriften?
7. Welche Bedeutung hat der Romantitel?

Romananfang und Romanschluss

Der Anfangssatz enthält häufig eine sehr verdichtete, auf die wesentlichen Stränge des Romans hinweisende Aussage, einen Entwurf des Ganzen. Ein Vergleich mit dem Schluss ergibt einen fruchtbaren Untersuchungsansatz.

Aufsatzbeispiel

Thema: Welche Bedeutung erhält Rerik in Anderschs Roman ‚Sansibar …'?
Das Geschehen spielt an einem einzigen Ort, an 24 Stunden eines Tages im Herbst 1937. Diese Konzentration zeigt, dass Andersch eine Situation, *einen* Moment, *einen* Entscheidungsraum ganz genau, sozusagen voll ausgeleuchtet, darstellen will. Rerik ist räumlicher und gedanklicher Knotenpunkt der Ereignisse. Fünf Menschen ganz unterschiedlicher Herkunft treffen hier zufällig zusammen: der Junge, dem Rerik langweilig ist und der ein Abenteuer sucht, Gregor, ehemaliger Kommunist, für den Rerik zum Schauplatz einer Bedrohung wird, die Jüdin Judith auf der Flucht, die sich in Rerik wie in einer Falle fühlt, der Fischer Knudsen, der seinen Heimatort liebt, und der Pfarrer Helander, der auf ein Zeichen Gottes wartet und für den Rerik Tod und Erlösung bedeutet. Die Türme der Georgenkirche, Wahrzeichen von Rerik, werden zum Symbol der Auseinandersetzung mit der Unmenschlichkeit des NS-Regimes, zum Zeichen für Widerstand und Menschlichkeit …

Strukturskizze

Zentraler Ort, zentrales Geschehen

Junge: Langeweile Judith: Falle, Hoffnung auf Flucht Knudsen: Angst um seine Frau Gregor: Bedrohung – Selbstzweifel Helander: Glaubensprüfung; Gefängnis – Freiheit	RERIK Rettungsaktion: → Ostsee Flucht der Jüdin ↕ Transport Schweden der bedrohten Skulptur	Junge: Abenteuer Judith: gelungene Flucht Knudsen: Rettung der Frau Gregor: neuer Sinn des Lebens Helander: Tod im Widerstand

Definition

> Drama (griech. = Handlung), seit dem 16. Jahrhundert auch Schauspiel genannt, ist der Oberbegriff für Theaterstücke, die üblicherweise von Schauspielern auf einer Bühne vor Zuschauern aufgeführt werden. Es gibt *Tragödien,* in denen die Hauptfigur in einen schicksalhaften Konflikt gerät und darin untergeht, und *Komödien,* in denen menschliche Unzulänglichkeiten heiter – lustig und mit gutem Ende auf die Bühne kommen.

Ursprung des Dramas

Das Drama entstand im antiken Athen aus dem Kult um den Gott Dionysos und hatte seinen Höhepunkt im 5. Jh. v. Chr. Damals wurden die ersten großen Theater gebaut für mehr als 20 000 Zuschauer.

Bauform eines antiken Theaters und wichtige Begriffe

Pathos: gehobene, feierliche Bühnensprache
Mimus: der Schauspieler
Kothurn: der hohe Theaterschuh (zur Vergrößerung)

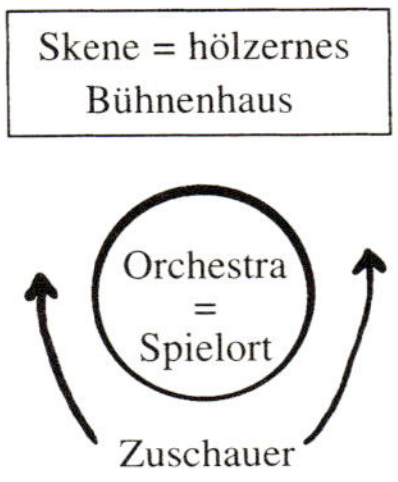

Maske: zunächst aus Ton oder Baumwolle, diente zur Kennzeichnung der Schauspieler und (als Schalltrichter) der Verstärkung ihrer Stimmen
Chor (Choros = Tanzplatz): eine Gruppe von Schauspielern, die mit ihrem Sprechgesang die Handlung kommentierten und deuteten

Dramendichter Der Antike

Tragödien des Aischylos, Sophokles und Euripides (6./5. Jh. v. Chr.) und Komödien des Aristophanes wurden zum Vorbild für das europäische Theater; die ‚Antigone' des Sophokles wird z. B. noch heute gespielt.

Dramentheorie des Aristoteles

Die erste bekannte Dramentheorie des Philosophen Aristoteles (4. Jh. v. Chr.) bestimmt bis heute die Diskussion. Nach Aristoteles „drei Einheiten":

- *Einheit des Ortes:* Konzentration auf *einen* Schauplatz, kein Ortswechsel auf der Bühne.
- *Einheit der Zeit:* Das Geschehen sollte sich auf 24 Stunden, also *einen* Tag, beschränken, damit die Zuschauer nicht durch Zeitsprünge verwirrt werden.
- *Einheit der Handlung:* Ein zentrales, spannendes Geschehen mit wenigen Personen, damit der ‚rote Faden' erkennbar bleibt.

Die Zuschauer sollten *Furcht* und *Mitleid* mit den handelnden Personen empfinden und eine Art innerer Einsicht, eine Läuterung *(Katharsis)* erleben. Eine entsprechende Reduzierung auf eine zentrale Haupthandlung zeigt sich in der Gegenwart z. B. bei Friedrich Dürrenmatt (‚Die Physiker') und Max Frisch (‚Biedermann und die Brandstifter').

Episches Theater Bertolt Brechts

Einen Neuansatz in der Theatertheorie bildet Brechts Abkehr vom aristotelischen ‚Illusionstheater', das die Zuschauer mitleiden lässt. Brechts episches Theater hingegen soll desillusionieren, zum Nachdenken und zum politischen Handeln veranlassen. In seinen ‚Lehrstücken' stellen nicht ‚Helden' ihre Gefühle dar, sondern ziehen ‚kleine Leute' aus ihrem alltäglichen Elend soziale oder politische Konsequenzen (‚Der Jasager' und ‚Der Neinsager') oder bringen durch ihr überdeutlich gemachtes Versagen die Zuschauer zu den vom Autor gewünschten Einsichten (‚Mutter Courage und ihre Kinder').

Dokumentarisches Theater Parabel/Groteske Neues Volksstück

In der Gegenwart wurde das *dokumentarische Theater* entwickelt (Peter Weiss: ‚Die Ermittlung'), Max Frisch, Friedrich Dürrenmatt und Thomas Bernhard (‚Die Macht der Gewohnheit') wählen Parabelform und Groteske, Franz Xaver Kroetz schreibt kritische Volksstücke (‚Oberösterreich').

Der Text eines Dramas ist eine Vorlage, eine ‚Partitur', für das Sprechen auf der Bühne. Deshalb wird er auch nicht in fortlaufender Prosa geschrieben, sondern in einzelne Sprecherrollen eingeteilt. Oft kommen Regieanweisungen hinzu: Hinweise für die Darstellung auf der Bühne.

Besonderheiten eines Dramentextes

Dramen sind normalerweise in einige größere Handlungsabschnitte eingeteilt, die *Akte* oder *Aufzüge*. Diese setzen sich aus mehreren *Szenen* oder *Auftritten* zusammen. Für den *Aufbau* gelten meist folgende Regeln:
Erster Akt: Einführung in die Situation, Vorstellen der Personen (Exposition)
Zweiter Akt: Verwicklungen, Auslösen des Konflikts, steigende Handlung
Dritter Akt: Umschlagen der Handlung, Scheinhöhepunkt (Peripetie)
Vierter Akt: Spannend verzögernde (retardierende), fallende Handlung
Fünfter Akt: Katastrophe oder Lösung des Konflikts
Wichtigstes Bauelement des Dramas ist der *Dialog*. Im Gespräch – oft Streitgespräch – werden die Positionen – zur Information der Zuschauer – aufgeklärt. Der Monolog, das Selbstgespräch, gibt Auskunft über die Gedanken und den seelischen Zustand einer Dramenfigur.

Aufbau eines Dramas

Um den Gang der Handlung zu durchschauen, sollte man sich eine Aufbauskizze anfertigen. Quer auf einem Blatt wird Folgendes notiert:

1. Akt		2. Akt	3. Akt
Ort:	Wo spielt sich das Geschehen vorwiegend ab?		
Zeit:	Wann geschieht etwas? (morgens, am gleichen Abend …)		
Personen:	Welche wichtigen Personen sind beteiligt?		
Kernstelle:	Welches ist wohl die wichtigste Textstelle?		
Schwerpunkt:	Worum geht es in diesem Akt vor allem?		
Bedeutung:	Welche Folgen ergeben sich aus diesem Akt?		

Aufbauskizze

Wer den Inhalt eines Aktes wiedergibt, muss das Geschehen kurz zusammenfassen und für seine Behauptungen Belege aus dem Text anführen.

1. Der Inhalt einer Stelle wird mit eigenen Worten umschrieben, die entsprechende Stelle in Klammern dahinter angegeben. Beispiel: Schiller: ‚Maria Stuart': Maria beantwortet die Kränkung durch Elisabeth mit ihrem grundsätzlichen Anspruch auf den Königsthron (3. Akt, 4. Szene, Zeile …).
2. Die Stelle wird als Beleg wörtlich zitiert: Maria ist durch Elisabeths Kränkung so erregt, dass sie alle Vorsicht vergisst und ihren Anspruch auf den Königsthron vehement verteidigt: „Regierte Recht, so läget *Ihr* vor mir im Staube jetzt, denn *ich* bin Euer König" (3. Akt, 4. Szene, Zeile …).

Inhaltswiedergabe
Zitate als Belege für eigene Feststellungen

Carl Zuckmayer: ‚Der Hauptmann von Köpenick', 2. Akt, 12. Szene
In dieser Szene laufen mehrere Handlungsstränge zusammen. In der äußeren Handlung geschieht wenig, umso mehr in der inneren Entwicklung. Voigt liest dem kranken Mädchen, dessen Tod schon angedeutet wird, das Märchen von den Bremer Stadtmusikanten vor. Dabei sprechen beide über Leben und Tod und die Hoffnung auf „etwas Besseres in der Welt". Mitten hinein erreicht den armen Schuster der Ausweisungsbefehl. Die zentrale Bedeutung dieser ‚stillen' Szene liegt darin, dass Voigt schlagartig erkennt, er müsse sich wehren. Symbolhaft werden dafür die letzten Zeilen des Märchens: „ ‚Komm mit', sagte der Hahn, ‚etwas Besseres als den Tod werden wir überall finden'."

Beispiel für die Wiedergabe einer Szene mit dem Hinweis auf ihre Bedeutung für das gesamte Werk

Dramen (Schauspiele) untersuchen

Aufgabe: Wiedergabe einer Szene	1. Was geschieht in dieser Szene?	Kurze Zusammenfassung.
	2. Welche Ursachen und Folgen hat das Geschehen in dieser Szene?	Betrachtung der Folgen im Hinblick auf Beginn und weiteren Verlauf.
	3. Ergeben sich neue Wendungen für die Handlung?	
	4. Ergeben sich Veränderungen für die beteiligten Personen?	
	5. Hat die Szene eine Schlüsselfunktion?	
	6. Wie ist die Szene in ihren Folgen mit dem Schluss verbunden?	

Aufgabe: Genaues Untersuchen eines Dialogs

Wer eine Textstelle, z. B. einen Dialog, untersuchen soll, kann so vorgehen:

1. Wie ist die Grundsituation? Wer spricht in welcher Absicht mit wem?
2. Wie ist der Dialog inhaltlich in die Szene eingefügt? Was geschieht davor? Wie kommt es zu diesem Gespräch?
3. In welche Abschnitte oder Phasen lässt sich das Gespräch einteilen?
4. Wie ist die Art des Sprechens? (Anreden? Fragen? Behauptungen?)
5. Welche Bedeutung erhält der Dialog für die Gesamtstruktur des Textes?

Beispiel

Dialog: Schuster Voigt und sein Schwager Hoprecht (Zuckmayer: 2. Akt, 14. Szene)

Einordnung und grundsätzliche Bewertung – grundlegendes Problem – Zitate als Belege: Diese Szene und der darin enthaltene entscheidende Dialog zeigen, wie ernsthaft diese Komödie ist. Es geht zwischen dem über seine Nichtbeförderung enttäuschten Hoprecht und dem an den Ämtern verzweifelnden Schuster Voigt um die entscheidende Frage: Sind der Staat und seine Ordnung für den Menschen da oder umgekehrt? Während Hoprecht uneingeschränkt die Meinung vertritt: „Bei uns geht Recht und Ordnung über alles“ und „Wer’n Mensch sein will – der muss sich unterordnen“, damit auch seine Zurücksetzung als Opfer annimmt, zweifelt Voigt grundsätzlich an der Übermacht des Staates: „Erst der Mensch, Friedrich! Und dann die Menschenordnung!“

Phaseneinteilung: Während in der ersten Phase des Gesprächs die jeweils persönliche Situation zur Sprache kommt, steigert sich der Dialog zur Auseinandersetzung über die Beziehung Staat – Mensch bis zur existenziellen Fragestellung nach der „Weltordnung“.

entscheidende Textstelle: Auf dem Höhe- und Wendepunkt des Dialogs bezieht Voigt die Unmenschlichkeit des irdischen Staates auf seine Situation beim Jüngsten Gericht, vor dem er die Frage beantworten muss: „Wat haste gemacht mit dein Leben?“

Abschluss des Dialogs/Folgen: Danach ist eine Verständigung nicht mehr möglich und die letzte familiäre Bindung des Schusters Voigt zerrissen.

Aufgabe: Charakterisierung einer Hauptperson	1. Wann und wo tritt die Person auf?	Stellen herausschreiben.
	Wie ist der Textzusammenhang?	Kurz zusammenfassen.
	2. Welches sind die zentralen Aussagen dieser Person? Welche Beziehungen bestehen zwischen den Partnern?	In eine Abfolge bringen und auswerten. Eventuell in einer Skizze zeigen, wie die Personen zueinander stehen.
	3. Welche Entwicklung macht die Person durch?	An entscheidenden Vorgängen und einzelnen Stationen verfolgen.
	Welche Bedeutung hat das Verhalten der Person für das Geschehen?	
	4. Hätte sich die Person irgendwann anders verhalten können?	Dies muss genau begründet werden.
	Warum kommt es zur schicksalhaften Zuspitzung?	Hier muss der Gesamtverlauf einbezogen werden.

Der Streit der Königinnen (Schiller: ‚Maria Stuart')
In den beiden gegensätzlichen Frauen verdichtet sich der Dramenkonflikt: Maria, um deren Anspruch auf den englischen Tron es geht und damit auch um ihren Kopf, ist eine stolze, schöne, begehrenswerte Frau. Sie ist *von ihrem Recht felsenfest überzeugt* und auch davon, dass die englischen Gerichte sie nicht verurteilen werden: „Ermorden kann sie mich, nicht richten" (I. Akt, 7. Szene). Selbst als Gefangene verhält sie sich *wie eine Königin:* „Man kann uns niedrig behandeln, nicht erniedrigen" (I, 2). Trotz ihrer politischen Klugheit ist sie *unvorsichtig* genug, auf eine Begegnung mit Elisabeth zu setzen: „Ihr allein, der Schwester, der Königin, der Frau kann ich mich öffnen" (I, 1). Gerade hier *vertraut sie zu sehr auf ihre persönliche Wirkung und bezieht die Empfindlichkeit* Elisabeths, der älteren, hässlichen, unter ihrer Glanzlosigkeit leidenden Frau, *nicht mit ein.* So *kühl* und *überlegt* Elisabeth sich in politischen Geschäften gibt, *als Frau* fühlt sie sich *um ihr Glück betrogen, hasst die attraktive Rivalin,* der gegenüber sie zwar ihre politische Macht ausspielen kann, aber entdecken muss, dass die Macht über Männer bei der anderen liegt. *Sie will deren Tod, aber einen heimlichen,* der die Königin nicht öffentlich mit der Hinrichtung belastet: „So muss ich Sorge tragen, dass mein Anteil an ihrem Tod in ewigem Zweifel bleibe" (II, 5).

Beispiel
Einleitungssatz

Textbelege für entscheidende Aussagen

Hinweis auf Fehler der Person

Darstellung der jeweils wichtigsten Eigenschaften im Zusammenhang

Die Beziehung zwischen Personen in einem Drama oder die Bedeutung einer Szene oder eines Dialogs für das gesamte Werk kann man in einer Skizze darstellen. Der Dialog zwischen Elisabeth und Maria (III, 4) bildet nahezu die Mitte des Schauspiels.

Beispiel

Dialog der Königinnen

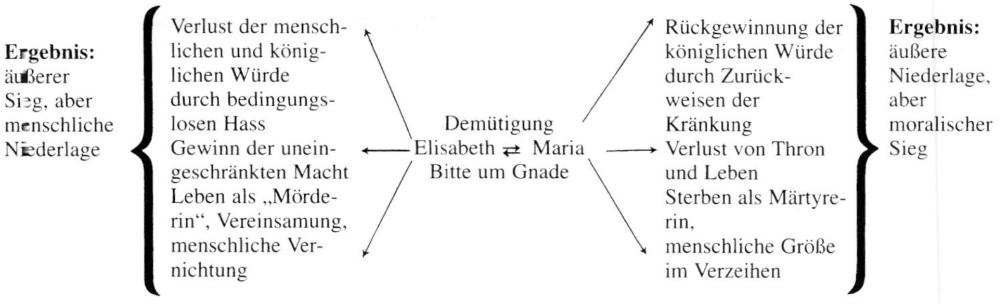

- Bei allen Einzeluntersuchungen die Beziehung zum Gesamtablauf herstellen.
- Nicht Inhalte paraphrasieren, sondern Szenen, Charaktere, Konflikte mit ihrem Schwerpunkt zusammenfassen.
- Die eigenen Aussagen mit treffenden Textbelegen stützen.
- Auf einen informierenden Einleitungssatz und abrundenden Schluss achten.
- Durch Überleitungen zwischen den einzelnen Bearbeitungsschritten den Gesamtzusammenhang herstellen.

Hinweise zum Schreiben

Alliteration	Gleicher Laut von Wörtern (Nacht und Nebel, Wind und Wellen) zur Hervorhebung und zur Betonung. Vor allem in der Lyrik verwendet.
Anapher	Wiederholung eines Wortes oder Satzteils zu Beginn aufeinander folgender Sätze (rhetorisches Mittel), z. B.: „*Wir haben gemeinsam gearbeitet/Wir haben gemeinsam* Probleme gelöst, *Wir werden nun gemeinsam* feiern." Entsprechender Vorgang am Ende von Sätzen: Epipher.
Anfang, offener	Direkter Einstieg in einen erzählten Vorgang ohne Einführung in die Situation oder Vorgeschichte. Der Leser wird in ein laufendes Geschehen ‚eingeblendet' (vor allem in der modernen Kurzgeschichte).
Anrede	Rhetorische Figur, die durch Verstärkungen und besondere Reihenfolge publikumswirksam gestaltet werden kann. In Reden vor realen Zuhörern und in der Literatur gebraucht (Rede des Marcus Antonius in Shakespeares Schauspiel ‚Julius Caesar': Freunde, Römer, Landsleute).
Arbeits-hypothese	Formulierung des ersten inhaltlichen Leseeindrucks, möglichst in einem Satz: Worum scheint es in einem Gedicht oder in einer Erzählung zu gehen?
Argument	Treffender, schlagender Beweisgrund für die Behauptung; Grundlage jeder Erörterung und Diskussion.
aristotelische Einheiten	Nach Aristoteles formulierte dramaturgische Grundregel der Einheit des Ortes, der Zeit (24 Stunden) und der Handlung. Aus dem Bemühen des griechischen Theaters um Konzentration entstanden, im französischen Klassizismus zur unabdingbaren Forderung erhoben, von Shakespeare und im Sturm und Drang durchbrochen, im modernen Drama vielfach wieder eingesetzt (Friedrich Dürrenmatt: ‚Die Physiker') (s. a. Seite 40).
Assoziation	Spontaner Einfall zu einem Thema, einem Text, einer Überschrift usw.
Ballade	Abgeleitet von ital. ballata = Tanzlied. Die klassischen Balladen sind ‚dramatische' Gedichte mit einem ungewöhnlichen, oft tragischen Geschehen im Zentrum, das sich in Dialogen und erzählendem Zwischentext entwickelt (z. B. Friedrich Schiller: ‚Die Bürgschaft'; Theodor Fontane: ‚Die Brück' am Tay'). In der Gegenwart entstehen, oft in politischer Absicht, Erzählgedichte (z. B. Bertolt Brecht: ‚Der Kinderkreuzzug'; Wolf Biermann: ‚Die Ballade vom Briefträger William L. Moore …').
Bauform	Äußere Gestalt eines Textes, z. B. eines Gedichts: Strophenzahl, Verszeilen, Reimschema, Versschema (Metrum), besondere optische Merkmale und besondere Form: Sonett, Rondel usw.
Charakterisie-rung	Im Gegensatz zu einer nur an äußeren Merkmalen orientierten Beschreibung die Darstellung von Eigenschaften, Verhaltensweisen, Entwicklungen eines Menschen oder einer literarischen Figur.
Chiffre	Besonders verschlüsselte Aussage; sehr individueller bildhafter Ausdruck vor allem in moderner Lyrik („Schwarze Milch der Frühe" – Paul Celan: ‚Todesfuge').
Collage	Zusammensetzung aus unterschiedlichem Textmaterial, z. B. Werbeslogans und Zeitungsschlagzeilen; Umbau vorhandener Textteile zu einem neuen, ungewohnten inhaltlichen Zusammenhang (z. B. Ingeborg Bachmanns Gedicht ‚Reklame').

Wechselrede oder Wechselgespräch zwischen Personen im Drama, wichtigstes Bauelement der dramatischen Handlung auf der Bühne. Der Charakter der Personen, das Fortschreiten der Handlung, die Entwicklung von Problemen werden vor den Ohren der Zuschauer deutlich wie in Schillers Schauspiel ‚Maria Stuart' im Dialog der beiden Königinnen.	Dialog
Aus der griechischen Antike stammende Bezeichnung für ein auf der Bühne vor Publikum aufgeführtes Schauspiel. In Dialogen und Monologen wird ein wichtiges Thema, vielfach ein tragischer Konflikt, spannungsgeladen vorgeführt, oft mit einem schlimmen Ende, der Katastrophe. Dramen sind in Akte oder Aufzüge gegliedert, diese wiederum in Szenen oder Auftritte.	Drama
Zeilensprung, Übergreifen des Satzes und Sinnes auf die nächste Zeile/ Strophe.	Enjambement
Bezeichnung für erzählende Literatur (Romane, Sagen, Märchen, Novellen, Kurzgeschichten, Legenden, Fabeln, Parabeln) im Unterschied zu Drama (s. d.) und Lyrik (s. d.).	Epik episch
Von Brecht ausgearbeitete Dramaturgie im Gegensatz zum aristotelisch-dramatischen Illusionstheater: dialektisch, distanziert, beurteilend. Der Zuschauer soll sich nicht identifizieren, sondern in kritischer Distanz für sich entscheiden und handeln. Hilfsmittel: Verfremdung.	episches Theater
Zeitraum, Periode; in der Literaturgeschichte die aufeinander folgenden, z. T. auseinander hervorgehenden Phasen literarischer Entwicklung, in denen sich trotz aller Vielfalt gewisse Gemeinsamkeiten in Thematik und formaler Gestaltung feststellen lassen, z. B. 18. Jh.: Aufklärung / Sturm und Drang / Klassik; 19. Jh.: Romantik/Biedermeier, Realismus.	Epoche
Ein Geschehen kann von verschiedenen Perspektiven aus erzählt werden: 1. Ein allwissender Erzähler hat einen Überblick über das gesamte Geschehen (auktoriale Erzählhaltung); er weiß auch, was im Innern sämtlicher Figuren vor sich geht (z. B. Gerhart Hauptmann: ‚Bahnwärter Thiel'). 2. Ein personaler Erzähler weiß nur so viel wie eine Person, aus deren Sicht er erzählt; er wählt die Erform (z. B. Wolfgang Borchert: ‚Die Küchenuhr'). 3. Ein Erzähler tritt als Icherzähler im Text selbst in Erscheinung, meist als Hauptfigur, und lässt seine persönliche Sicht deutlich werden (z. B. Heinrich Böll: ‚Ansichten eines Clowns').	Erzählhaltung
Der Zeitraum, über den sich eine erzählte Handlung erstreckt. Mehrere Jahre können z. B. in wenigen Zeilen zusammengefasst und in wenigen Minuten gelesen werden.	Erzählte Zeit
Die Zeit, die zum Lesen eines epischen Textes gebraucht wird.	Erzählzeit
Abgeleitet von frz. feuille = Blatt. Der Begriff bezeichnet den kulturellen Teil einer Zeitung mit Theaterkritiken, Buchbesprechungen, literarischen Texten usw.	Feuilleton
Gestalt, Handlungsträger in einem literarischen Werk, z. B. der ‚Held' im klassischen Drama (‚Maria Stuart').	Figur
Die persönlichen und gesellschaftlichen (sozialen) Beziehungen zwischen den Figuren einer Erzählung, eines Romans, eines Dramas.	Figuren-konstellation

Groteske	Darstellung, in der Widersprüchliches und Unvereinbares verblüffend verknüpft wird als Anstoß oder Schock für Leser und Zuschauer. Autoren wie Dürrenmatt meinen, dem Irrsinn einer Welt, die sich durch Atombomben selbst zerstören kann, käme nur noch eine Groteske zu, ein Lachen, das im Halse stecken bleibt.
Handlung, äußere	Geschehen, das sich aus tatsächlichen Vorgängen und Ereignissen in einem literarischen Text ergibt, z. B. der Verkauf der Uniform des Herrn v. Schlettow als Anstoß zum weiteren Geschehen in Carl Zuckmayers Komödie ‚Der Hauptmann von Köpenick'.
Handlung, innere	Geschehen, das sich in oder zwischen den beteiligten Figuren abspielt. Es ist oft zwischen den Zeilen zu erschließen oder äußert sich in Selbstgesprächen (Monologen, s. d.), manchmal spiegelt es sich in äußeren Verhaltensweisen, z. B. die zunehmende Verhärtung und Veränderung des Friedrich Mergel in Annette von Droste-Hülshoffs Novelle ‚Die Judenbuche'.
Höhepunkt	In Handlung und Spannung dichtester Punkt eines Dramas oder einer Erzählung, oft der entscheidende Wendepunkt.
Hypotaxe	Form des Satzbaus: Haupt- und Nebensätze werden durch Konjunktionen (weil, obwohl, indem …) zusammengefügt. Der Leser erhält hier verbundene Informationen mit Erklärungen, Begründungen usw.
Intention	Absicht; vom Verfasser/Redner beabsichtigte Wirkung auf Leser/Zuhörer; also immer bei Texten, die direkt an einen Adressaten, einen ‚Empfänger', gerichtet sind (Briefe, Reden, Werbung, auch Theaterstücke).
Ironie	griech. = eironeia (Verstellung): Das Gegenteil vom Gesagten ist gemeint; humorvolles oder satirisches, immer kritisches Infragestellen dessen, worauf das Gesagte zielt. (Na, das kann ja *heiter* werden!)
Kadenz	Abschluss (meist Reimwort) eines Verses (s. d.) im Gedicht. Unterschieden werden einsilbige (männliche, stumpfe) Kadenz (Baum – Traum) und mehrsilbige (weibliche, klingende) Kadenz (schwingen – singen).
Klischee	Ein zu häufig benutztes und daher abgegriffenes Bild oder ein zu bekannter Inhalt. Bedeutung und Wirkung gehen verloren oder werden unzulässig einseitig (Ausländer haben immer …).
Kompositionsfigur	Innere Gestalt, innere Bewegungs- und Entwicklungsstruktur eines Textes, z. B. eines Gedichts als Zusammentreffen von Gegensätzlichem, als Spannungsbogen, als additive Reihung, als Ringform mit Rahmen von der ersten zur letzten Zeile oder Strophe.
Kurzgeschichte	Unter dem Einfluss der amerikanischen ‚short story' nach 1945 auch in Deutschland entwickelte Form. Die Erzählweise ist ausschnitthaft und schlaglichtartig mit offenem Anfang und offenem Schluss und häufig anonymen, nicht im einzelnen charakterisierten Personen. Die Sprache ist schlicht und alltäglich.
Lehrstück	Schauspielform mit der Tendenz, das Publikum von einer bestimmten politischen oder gesellschaftlichen Meinung zu überzeugen, also von der Bühne her zu belehren (Bertolt Brecht: ‚Die Ausnahme und die Regel').

Lyrik
Sammelbezeichnung für Gedichte im Unterschied zur Epik und zum Drama. Abgeleitet von griech. Lyra = Leier; das Wort verweist auf Lied und Tanz.

lyrisches Ich
Die Rolle des Sprechers im Gedicht, nicht mit dem Autor des Gedichts identisch. Das Ich im Gedicht spricht seine Gefühle, Gedanken und seine Beziehung zur Wirklichkeit aus.

Metapher
Poetisches Gestaltungsmittel vor allem in der Lyrik. Es erscheint wie ein um das ‚Wie' verkürzter Vergleich: Ein Begriff wird aus seinem ursprünglichen Bereich gelöst und auf einen anderen übertragen (Meer des Lebens, Weg des Vergessens).

Metrum
Versmaß als taktmäßige Struktur eines Gedichts. Die wichtigsten Versfüße (Betonungsmöglichkeiten) sind:
Jambus xx́, unbetont – betont (Im Nébel rúhet nóch die Wélt...; Mörike: ‚September-Morgen')
Trochäus x́x, betont – unbetont (Án besónders schö́nen Tágen ...; Kästner: ‚Im Auto über Land')
Anapäst x́xx, unbetont – unbetont – betont (übers Jáhr, übers Jáhr...)
Daktylos x́xx, betont – unbetont – unbetont (Férnsehen, Víelsehen, Wégsehen)

Monolog
Selbstgespräch; Aussprechen von Gedanken, kommentierenden Stellungnahmen oder Situationen im Drama, die sich anders nicht vor Augen führen lassen. Oft steht ein Monolog der Hauptperson am Höhepunkt eines Entscheidungsprozesses; das Hin und Her der Gedanken wird vor den Zuhörern ausgebreitet.

Motiv
Das die Handlung ‚Antreibende' (lat. movere = bewegen), den Inhalt eines Werks Bestimmende. Motive gibt es in Lyrik, Epik und im Drama; sie werden aber jeweils unterschiedlich gestaltet wie z. B. der herbstliche Baum in Gedichten oder die Vereinsamung von Menschen in Erzählungen.

Nominalstil
s Stil

Novelle
Dramatische Erzählung mit einer ‚unerhörten Begebenheit' im Mittelpunkt. Vergleichsweise strenge, geschlossene Form: Die Handlung wird zielgerichtet geführt mit einer Steigerung zum Höhepunkt. Oft konzentriert sie sich auf ein Dingsymbol (s. Symbol).

Parabel
Gleichnishafte Darstellung – als Erzählung oder (modernes) Theaterstück. Die erzählte Handlung weist bildhaft vergleichend auf das, was gemeint ist (Gleichnis vom verlorenen Sohn in der Bibel, Kafka: ‚Gib's auf', Brecht: ‚Der gute Mensch von Sezuan'). Parabolische Erzählungen in der Nachfolge Kafkas z. B. bei Ilse Aichinger.

Parallelismus
Rhetorische Figur. Gleichbau mehrerer aufeinander folgender Sätze (s. Anapher).

Paraphrase
Umschreibung eines Textinhalts im Gegensatz zur konzentrierten Inhaltsangabe und zur Nacherzählung.

Parataxe
Form des Satzbaus: Reihung gleichwertiger und gleichgeordneter Hauptsätze.

Parodie	griech. = parodeia (Gegengesang): komische, verzerrte Umformung der originalen Form oder des Inhalts eines bekannten Textes, um kritische Distanz zu schaffen und neue Akzente zu setzen.
Personifizierung Personifikation	Vermenschlichung von Naturerscheinungen oder von leblosen Gegenständen. Sie werden zu ‚Personen' in dichterischer Sprache (Der Himmel lacht, die Uhr summt träumerisch).
Pointe	frz. = Spitze: überraschende, meist witzige Wendung, die das bisher Gesagte in einem völlig anderen Licht erscheinen lässt (z. B. in Witzen und Fabeln).
Prosa	„Geradeaus gerichtete Rede", nicht durch Reim und meist nicht durch Rhythmus gebunden.
Rahmenhandlung	Erzählrahmen, in den eine oder mehrere Binnenerzählungen eingelagert sind. Entweder werden mehrere Erzählungen in einer ihrerseits weiterlaufenden Rahmenerzählung zusammengefasst (z. B. Gottfried Keller: ‚Die Leute von Seldwyla' oder Adalbert Stifter: ‚Die Mappe meines Urgroßvaters'), oder eine Einzelerzählung wird gerahmt. Dieser Rahmen soll z. B. die Glaubwürdigkeit des Erzählten bezeugen. Es geht hier um das Auffinden von Tagebüchern oder Briefen o. Ä.
Reflexion	Nachdenken über eigene seelische Vorgänge, im weiteren Sinn jedes überlegende, abwägende Denken.
Reim	Gleichklang der Abschlusswörter mehrerer Verszeilen vom letzten betonten Vokal an, z. B. Paarreim: aabb, Kreuzreim: abab, umgreifender oder verschränkender Reim: abba.
Rhetorik	Seit der Antike Bezeichnung der Redekunst. Es gibt Regeln und Darstellungsmittel zur wirkungsvollen Formulierung, z. B. Verwendung von Alliteration (s. d.), Anapher (s. d.), Anrede (s. d.), Ironie (s. d.), Metaphern (s. d.), Parallelismus (s. d.) und von rhetorischen Fragen, d. h. Scheinfragen, die sich selbst beantworten.
Rhythmus	Im Unterschied zum messbaren Taktschema (Metrum, s. d.) die Gesamtbewegung, die sich aus Sinngehalt und sprachlicher Form ergibt. Unterscheiden lassen sich z. B. ein fließender Rhythmus mit weichen Versausgängen (s. Kadenz) und ein stauender Rhythmus bei harten Kadenzen. Unterschieden werden ferner regelmäßige und unregelmäßige, ‚freie Rhythmen'.
Roman	Epische Großform, seit Ende des 13. Jh.s nur in Prosa. Meist umfassend angelegte Darstellung von Einzel- und Familienschicksalen, Entwicklung von äußerer und innerer Handlung. Vielfache Möglichkeiten, z. B. Abenteuerroman (Cervantes: ‚Don Quichote'), Bildungs- und Entwicklungsroman (Gottfried Keller: ‚Der grüne Heinrich'), Familien- und Schlüsselroman (Thomas Mann: ‚Buddenbrooks'), psychologischer Roman (Thomas Mann: ‚Der Zauberberg'), Briefroman (Johann Wolfgang von Goethe: ‚Die Leiden des jungen Werthers').
Rondel	Aus der französischen Literatur stammende, kunstvolle Gedichtform, bei der die Verszeilen der ersten Strophe die Anfangszeilen der folgenden bilden und in bestimmter Abfolge wiederholt werden (Bachmann: ‚Die große Fracht', S. 32).